Fátima Merlin

Meu cliente não voltou, e agora?

Como melhorar a experiência de compra e garantir resultados positivos com estratégias de Shopper Marketing entre Varejo-Fornecedor

2ª edição
São Paulo - 2024

Copyright ©2024 by Poligrafia Editora
Todos os direitos reservados.
Este livro não pode ser reproduzido sem autorização.

MEU CLIENTE NÃO VOLTOU, E AGORA?
Como melhorar a experiência de compra e garantir
resultados positivos com estratégias de Shopper Marketing
entre Varejo-Fornecedor

ISBN 978-85-67962-28-3

Autora: **Fátima Merlin**
Coordenação Editorial: Marlucy Lukianocenko
Capa: Maria Cristina Pacheco
Diagramação: Cida Rocha
Revisão: Mary Abel

Dados Internacionais de Catalogação na Publicação (CIP)
(Câmara Brasileira do Livro, SP, Brasil)

Merlin, Fátima
    Meu cliente não voltou, e agora? : como melhorar a
experiência de compra e garantir resultados positivos
com estratégias shopper marketing entre
varejo-fornecedor / Fátima Merlin. -- 2. ed. -- São
Paulo : Poligrafia Editora, 2023.

    Bibliografia.
    ISBN 978-85-67962-28-3

    1. Administração de empresas 2. Comportamento do
consumidor 3. Varejo - Empresas - Administração
4. Varejo - Marketing I. Título.

23-184810
CDD-658.87

Índices para catálogo sistemático:

1. Varejo : Estratégia : Marketing : Administração
    658.87

Eliane de Freitas Leite - Bibliotecária - CRB 8/8415

Poligrafia Editora
www.poligrafiaeditora.com.br
E-mail: poligrafia@poligrafiaeditora.com.br
Rua Maceió, 43 – Cotia – São Paulo
Fone: 11 4243-1431 / 11 99159-2673

A editora não se responsabiliza pelo conteúdo da obra, formulada exclusivamente
pela autora. Artigos assinados são de inteira responsabilidade de seus autores.

"Cada homem que eu encontro
é melhor que eu em um ponto;
e neste particular
eu aprendo com ele."

Abraham Lincoln

Nota da autora

E estamos aqui rumo a segunda edição deste livro que figurou por meses entre os top 5 dos mais vendidos no quesito analyses pela Folha de São Paulo.

Hoje, praticamente 10 anos após a primeira edição, ao reler o livro para adaptá-lo à nova era, mesmo com grandes transformações, após termos vivenciado uma Pandemia em 2020 que durou quase dois anos e teve muitos impactos significativos nos negócios, nas formas de se fazer varejo, no comportamento dos consumidores e shoppers, me deparei com a grata surpresa de ver o quanto esta obra continua atual. Ela retrata os desafios, a relevância e as oportunidades para termos foco no cliente e do cliente, sobre como colocà-lo no centro das decisões.

O que eu reforço e agrego nesta nova era pós-Pandemia é que do "boom" do digital, com ainda mais opções de compra, surgem novas variantes a serem administradas quando falamos em *Shopper experience*, são os whatsapp; o compre e retire; os aplicativos; *marketplace*, entre outros.

Agora, a figura do #shopper ganha novos personagens, como exemplo da plataforma shopper.com.br.

Quem vai às compras, neste caso, é um terceiro - o colaborador destas redes/apps com uma lista pré-definida.

Com isso, surgem novos desafios e exigências no quesito atrair, engajar, converter e reter o cliente.

Agradecimentos

Gratidão e realização são as palavras que resumem este momento. Gratidão a todos que contribuíram direta e indiretamente para esta obra e para atingirmos este patamar. A todos que participaram com depoimentos, artigos e cases apresentados na primeira edição para enriquecê-la; a cada leitor e suas manifestações nas redes sociais.

Sou verdadeiramente privilegiada por ter a oportunidade de conviver diariamente com pessoas que fizeram e fazem a diferença neste País e na minha vida. Varejistas de diversos portes de empresa e de várias regiões, industriais, prestadores de serviços, executivos de renome, membros de associações de classe, líderes iluminados e queridos amigos.

Quero agradecer também à minha família – meu porto seguro -, meus seguidores, alunos, clientes, parceiros e milhares de pessoas que passaram pelas minhas palestras, eventos, cursos, e que se tornam fundamentais em cada estágio da minha vida.

Agradecimento especial à minha querida amiga e editora Marlucy Lukianocenko que está sempre comigo em cada etapa desta jornada.

E, em especial, agradecer a Deus, simplesmente por tudo!

A cada um, meu muito obrigada!

Prefácio

Quando surgiram na década de 50, os supermercados criaram uma nova mentalidade de consumo, oferecendo livre escolha, um número bastante diferenciado de produtos e que poderiam ser adquiridos com conforto, praticidade e facilidade de acesso. Foram mudados os hábitos do consumidor, gerando não apenas uma mudança econômica, mas uma mudança cultural. Com maior liberdade de escolha e com um mundo de ofertas à sua disposição, as pessoas eram levadas à maior propensão de consumo. A partir de então, os frequentadores destes estabelecimentos acabavam comprando artigos diferentes dos quais haviam se proposto ao programarem suas compras.

Décadas depois, os autosserviços em suas várias modalidades, focos e tamanhos foram se aprimorando no atendimento de seus usuários, procurando entender o seu comportamento, para se diferenciar frente aos concorrentes e, assim, conquistá-los. E este aprimoramento foi imperioso, principalmente nos momentos em que o mercado se revelou contraído, com uma redução de demanda. Em decorrência dele, varejistas de todos os portes e de todas as regiões, em conjunto com as indústrias, passaram a se orientar cada vez mais em função do cliente, ou melhor, do shopper.

Os varejistas compreenderam que não vendiam arroz, feijão e batata. Vendiam, sim, a forma pela qual o consumidor levaria estes produtos. Vendiam a solução para sua necessidade. Se acertássemos nesta forma, ele viraria shopper, e o conceito de forma abrangeria além do aspecto do ambiente físico – principalmente no tocante ao asseio – a confiança, o carinho, o sorriso e a beleza interior revelada no atendimento.

É isso que o consumidor viria comprar, e levaria, em decorrência disso, os produtos para serem consumidos.

Hoje, por meio da tecnologia, o consumidor tem permanente acesso a preços, está sujeito a uma série de tendências, oriundas do seu estilo de vida, estilo de trabalho e de modismos. Ele é exigente, por isso é mais que necessário entendê-lo, o que nem sempre é possível apenas com métodos empíricos, baseados em nosso instinto de varejista.

Temos que contar com o suporte precioso de institutos e de pessoas especializadas, como a autora e amiga Fátima Merlin, que sempre nos ajudou com suas valiosas análises e observações, para determinarmos os rumos e as correções necessárias em nosso negócio.

Pequenas mudanças se mostraram verdadeiros aprendizados. Posso contar alguns dos quais vivenciamos em nossa área de atuação. Em certa ocasião, verificamos que alguns clientes não se abasteciam de carne em nossas lojas, por entendê-la "de má qualidade". Analisamos que era carne de um frigorífico de primeira linha, porém, mal acondicionada. Bastou aprimorar o acondicionamento e a atuação dos atendentes para que a carne fosse entendida como de excelente qualidade.

Em outra situação, estabeleceu-se a prática comercial de privilegiar um produto de limpeza com embalagem de maior conteúdo, no caso, de 5 litros. O cliente aprovou a iniciativa, mas observamos que o resultado foi a demora em seu retorno para a reposição do produto, fazendo com que se dirigisse a outros locais para pequenas aquisições, comprometendo toda a linha do autosserviço.

Nossas análises e os planejamentos decorrentes, influenciando o cliente ao longo de seu caminho de compra, com base nos ensinamentos da autora, nos levaram a buscar a satisfação de nosso consumidor, transformando-o, em inúmeros casos, em um shopper feliz.

O resultado disso foi que esta felicidade, que com certeza se irradiaria à família, aos parentes e aos vizinhos – shoppers em potencial – estabeleceria o que todo o varejista deseja, a formação de um interessante círculo virtuoso.

Antonio José Monte
Diretor da Escola APAS e presidente do
conselho da Cooperativa de Consumo (Coop)

Introdução

A evolução da gestão no varejo:

"DE GERENCIAMENTO POR CATEGORIAS AO SHOPPER MARKETING"

O comércio é uma das atividades econômicas mais antigas da humanidade, mas sua evolução nos últimos 50 anos foi maior de que em muitos séculos.

Alguns ainda se lembram do mundo antes do autosserviço, época de armazéns, quitandas, padarias e açougues, onde o dono da loja atendia os clientes, empacotava as mercadorias, cobrava e muitas vezes entregava. Vendia a crédito, anotando em cadernetas e alguns, mais arrojados, aceitavam pedidos por telefone, entregando algumas horas depois.

A variedade era reduzida, os produtos industrializados poucos, a cesta de compras básica, e o relacionamento entre o varejista e seus clientes extremamente amplo e sólido.

O processo de crescimento da Indústria aumentou a oferta de bens, demandando canais diferentes para escoar a produção, atendendo a uma crescente onda de desejos de consumo diferenciado, fazendo com que a lógica do ponto de venda se invertesse: a oferta de produtos aumentou exponencialmente, e os varejistas passaram a conhecer os seus fornecedores muito melhor de que os seus clientes. Estes se tornaram cada vez mais anônimos, entram na loja, pegam o que precisam, passam pelo caixa e desaparecem, muitas vezes sem gastar uma única palavra com a equipe ou o dono da loja que, para satisfazê-los, precisa recorrer ao "feeling" ou a pesquisas, esforçando-se a cada dia para ter em sua loja o mix e serviços desejados pelos clientes.

Por muitos anos, a loja funcionou como um ponto onde eram expostos e comercializados os produtos selecionados pelo varejista, com base em seus próprios critérios, formados a partir da experiência que ainda tinha do convívio direto com o cliente. A exposição era feita mediante a lógica do varejista, assim como a sinalização dos setores da loja era feita na sua "língua". Ou será que algum cliente vai à loja para buscar a mercearia seca, o bazar ou a líquida?

Há quase 30 anos surgiu o Gerenciamento por Categoria (GC), grande inovação que revolucionou as relações entre o varejo e o consumidor – entendendo também que existe uma terceira figura essencial nesta relação: o shopper, que pode ser o consumidor ou um preposto seu, executando – mais um conceito novo e fundamental – um conjunto de missões de compra, ou seja, comprando itens para diferentes pessoas da casa, para diferentes ocasiões de consumo, e com variado grau de autonomia.

A grande revolução foi entender que a loja deve ser estruturada para resolver as necessidades e desejos do shopper, e que os resultados para o varejista são consequência do sucesso que ele tenha neste esforço.

O GC, portanto, fez da loja um centro de soluções, onde são oferecidas as propostas do varejista para atender diferentes necessidades de vida de seus clientes, tais como alimentar-se, limpar a casa, cuidar da roupa, etc.

> *"Não vendemos produtos, vendemos o atendimento de uma necessidade."*
> CEO de uma grande rede varejista

Adotar esta nova lógica demandou mexer no sortimento e na exposição, procurando incorporar na proposta de valor aos shoppers a variável *tempo*, oferecendo-lhes resolução no ponto de venda, traduzida no agrupamento dos produtos de acordo com a ocasião de consumo, além de serviços que facilitam a vida do shopper e do consumidor.

A gestão do varejo passou a ser a administração de várias "lojinhas", categorias que convivem sob o mesmo teto da loja, satisfazendo diferentes necessidades de compra e consumo. E com isso, o varejista teve de aprender a sinalizar os setores da loja na "língua" do cliente, cada categoria podendo ser apresentada como "aqui você encontra tudo que precisa para... (manter sua casa limpa, cuidar das roupas da família, alimentar-se, cuidar de seu carro, preparar o café da manhã, entre outros)". E para que a fórmula funcionasse, passou a ser essencial entender não apenas o cliente e seu comportamento no ponto de venda, mas o modo de vida das pessoas, as necessidades a serem satisfeitas, razões das escolhas, para que as categorias fossem de fato soluções completas para os clientes potenciais de cada loja.

Idealmente, cada categoria passou a ter um gestor, profundo conhecedor dos hábitos, comportamento e estilo de vida dos consumidores em relação a necessidade que sua categoria se propunha a atender, com sorte podia manter atualizado o sortimento, a exposição, o serviço, o preço e demais atributos determinantes da competitividade.

Em termos de gestão, portanto, a administração do varejo fracionou-se na administração corporativa, da empresa, e da gestão de cada categoria, responsável por um orçamento e um resultado, com metas próprias e estratégias particulares para cumpri-las. Cada um dos gestores deste modelo necessitava de informações e controles específicos, o que levou a uma grande ampliação das necessidades de TI (tecnologia da informação), de informações sobre o desempenho de produtos e marcas no mercado, e pesquisas sobre comportamento de compra e uso de produtos pelos consumidores e subsídios para uma melhor compreensão do processo decisório de escolha de produtos e pontos de venda.

O resultado foi a diversificação de formatos de loja – mais recentemente com a incorporação do varejo digital –, funcionalidades e embalagens de produtos e uma crescente complexidade tanto na operação da loja como na retaguarda administrativa e principalmente logística.

Cada tíquete de compra passou a ser um ativo valioso para entender não só o que se compra, mas as relações entre produtos e categorias, e quando se percebeu o potencial de inteligência agregada ao negócio por algo tão singelo, passou-se a sonhar em associar o shopper ao tíquete, encontrando-se o cartão fidelidade como facilitador para este desafio.

Do chamado *data mining* (pesquisa de dados internos do varejo), a pesquisas de mercado feitas por institutos e análises variadas por especialistas, nasceu um enorme arsenal de informações, que permitiram maior precisão e foco na administração – a ponto de com o tempo, o processo analítico ter assumido uma importância quase maior do que a gestão em si, acarretando o dispêndio de enormes somas por parte tanto de fabricantes como de varejistas, para entenderem cada vez melhor o mercado em que atuam e os produtos existentes no mercado.

Mas em 20 anos, o GC deixou de ser a última palavra em gestão: o conhecimento mais detalhado das pessoas mostrou uma limitação do conceito de categorias, que é assumir que shoppers e consumidores sejam "cidadãos médios", de comportamento relativamente homogêneo, pressupondo, por exemplo, que o café da manhã de qualquer cliente é parecido com o de todos os demais.

A realidade mostra que em um mesmo lar, dificilmente é assim: cada qual tem seus hábitos próprios, apesar de a família ser "homogênea" por critérios IBGE (tamanho da família, escolaridade, renda, etc).

E ficou claro que muitas das respostas oferecidas pela indústria ou pelo varejo, apesar de boas, não são perfeitamente desenhadas para o estilo de vida de cada um. Em uma mesma casa, por exemplo, pode conviver um atleta, uma pessoa com restrições à ingestão de glúten e um vegetariano. Apesar de todos eles terem em comum o hábito de se alimentar pela manhã, o cardápio (e os critérios de escolha do que irão comer) são totalmente diversos.

A resposta "média" oferecida pelos Matinais expostos por critérios de GC talvez até contenha tudo o que estes três hipotéticos consumidores precisam, mas a loja não tem sua oferta adaptada ao estilo de vida de cada um. Os produtos não estão agrupados e expostos por critérios que permitam a cada um deles encontrar a solução que deseja para suas compras – de preferência rápidas e completas.

Resultou a mais recente "onda" de gestão, a evolução do GC para o Shopper Marketing, cujo princípio é passar da gestão de categorias para a de grupos de clientes, que tenham necessidades e estilos de vida similares, para os quais a loja oferece respostas (como atletas, pessoas com restrições a glúten ou vegetarianos).

Esta mudança tem reflexos importantes desde a concepção do ponto de venda, até sua operação e foco estratégico, que passa a ir muito além do mero contato no ponto de venda, passando a incorporar todo o ciclo relacionado à compra, desde o planejamento (e das variáveis que nele influem), até o momento de consumo ou mesmo descarte de embalagens, buscando interação e respostas sob medida para as expectativas e necessidades de grupos cada vez menores e mais claramente delineados.

De um lado a administração passou a ser mais estratégica, olhando muito mais as tendências de que fatos passados (por exemplo, buscando as oportunidades trazidas por mudanças observadas no modo de a sociedade viver – maior expectativa de vida traz um crescente mercado de idosos, famílias menores /maior número de lares com apenas 1 ou 2 pessoas, busca de estilos de vida saudáveis, crescente participação dos gastos com lazer e entretenimento no orçamento familiar..., – cada vertente indica necessidades próprias de produtos e serviços que poderiam ser providos por varejistas e fabricantes que tivessem interesses similares em trabalhar nos mesmos nichos de oportunidade).

Fica muito claro que a regra básica de ter o produto certo, no lugar certo (a prateleira da loja), na hora certa (quando o shopper quer comprá-lo), a um preço justo, é um desafio cada vez mais complexo, quando cresce a cada dia o número de itens oferecidos pela indústria, e se reduz o tamanho médio das lojas.

O desafio é ainda mais difícil de ser vencido se não mudar a formação e atitude dos profissionais, se não forem derrubadas as barreiras do confronto e das diferenças de cultura entre fornecedores e varejistas, e se não for dada maior transparência e agilidade à cadeia de abastecimento, que precisa repor quantidades cada vez menores de produtos mais diversificados, em lojas com acesso cada dia mais difícil para veículos de carga, especialmente nas grandes regiões metropolitanas.

Os princípios da evolução da gestão do varejo são simples, mas a incorporação destes conceitos no dia a dia do negócio requer muito mais de que o simples entendimento das questões acima. O sucesso no novo mundo das relações entre consumidores/shoppers com varejistas e fornecedores exige uma visão estratégica extremamente aguda e crítica, uma enorme flexibilidade e capacidade de adaptação a mudanças contínuas, uma extraordinária capacidade de construir relações sólidas e duradouras com todos os players da cadeia. E o principal é ter pessoas preparadas, motivadas, engajadas e que têm a mais absoluta certeza de que sua vida profissional e a sobrevivência de suas empresas só é e será possível se não forem desperdiçados recursos e energias criando as barreiras do confronto, mas sim unindo forças para se antecipar às mudanças.

A proposta da Fátima Merlin é trazer, de forma organizada e didática, um conjunto de ferramentas que auxiliem fabricantes, atacadistas e varejistas, a transformar esta visão em ações práticas e efetivas, respaldadas pela experiência de quem já pratica o Gerenciamento por Categoria e o Shopper Marketing, no Brasil e em outros países.

Claudio Czapski
Consultor e ex-superintendente do ECR Brasil*

*O que é o ECR ?

ECR – *Efficient Consumer Response* ou Resposta Eficiente ao Consumidor é um movimento global, no qual empresas industriais e comerciais, juntamente com os demais integrantes da cadeia de abastecimento (operadores logísticos, bancos, fabricantes de equipamentos e veículos, empresas de informática, etc.) trabalham em conjunto na busca de padrões comuns e processos eficientes que permitam minimizar os custos e otimizar a produtividade em suas relações.

No Brasil, a Associação atuou do início dos anos 1990 até 2021, quando a partir de uma reestruturação, encerrou suas atividades formais por aqui.

Sumário

CAPÍTULO 1   **O ANO É 2008**   **23**
O DILEMA DO SUPERMERCADO VOLTE SEMPRE

CAPÍTULO 2   **DE FREGUÊS A SHOPPER**   **29**
CASE SUPERMERCADO VOLTE SEMPRE:
O CLIENTE FUGIU, MEU SHARE CAIU. E AGORA?

CAPÍTULO 3   **COMO CONHECER O SEU CLIENTE**   **49**
CASE SUPERMERCADO VOLTE SEMPRE:
CONHECER PARA DIRECIONAR AÇÕES
QUIZZ: VOCÊ CONHECE O SEU CLIENTE?

CAPÍTULO 4   **DIFERENTES SHOPPERS, DIFERENTES**   **87**
NECESSIDADES: A ARTE DE SEGMENTAR
CASE SUPERMERCADO VOLTE SEMPRE:
NÃO BASTA CONHECER É PRECISO DIFERENCIAR

CAPÍTULO 5   **A JORNADA DE COMPRA DE SHOPPER E**   **103**
CONSUMIDOR
CASE SUPERMERCADO VOLTE SEMPRE:
ATRAIR, ENGAJAR, CONVERTER E RETER.
AI QUE DESAFIO!

| CAPÍTULO 6 | **A ERA DA EXPERIÊNCIA DE COMPRA** | 155 |

A ERA DA EXPERIÊNCIA DE COMPRA
CASE SUPERMERCADO VOLTE SEMPRE:
O EFEITO UAU! DO VOLTE SEMPRE

CAPÍTULO 7 **NÃO SE FAZ VAREJO SEM GENTE** 189
CASE SUPERMERCADO VOLTE SEMPRE:
COMO ENGAJAR A EQUIPE

CAPÍTULO 8 **COLABORAR, UM BEM IMPRESCINDÍVEL** 209
CASE SUPERMERCADO VOLTE SEMPRE:
COLABORAR É PRECISO

CAPÍTULO 9 **E O FUTURO? PRATICANDO SHOPPER** 233
MARKETING
A NOVA ERA DO MARKETING
CASE SUPERMERCADO VOLTE SEMPRE:
SHOPPER MARKETING - COMO FIZEMOS?

CAPÍTULO 10 **E AÍ? O CLIENTE VOLTOU?** 257

REFERÊNCIAS BIBLIOGRÁFICAS 262

Capítulo

1

O ano é 2008
O DILEMA DO SUPERMERCADO VOLTE SEMPRE

O Supermercado Volte Sempre[1] com cinco lojas de aproximadamente 1.500 metros quadrados de área de venda cada, com forte atuação no interior de São Paulo, é uma típica rede supermercadista.

Por anos, esteve à frente de seus concorrentes e muito bem posicionada no ranking do setor, com expressivos indicadores de produtividade e eficiência, similares ao desempenho das redes classificadas entre as 50 maiores empresas do Ranking Abras.
- faturamento por *check-out* da ordem de R$ 230 mil/mês.
- faturamento por metro quadrado de R$ 1.800/mês.

Com propósito e posicionamento bem delineados, o Supermercado Volte Sempre tinha clareza sobre o que queria entregar a seus clientes e, dentro de seus recursos e conhecimento, buscava entregar efetivamente o que prometia.

---

[1] O caso do Supermercado Volte Sempre, utilizado nesta obra, é um caso real, mas a pedido do proprietário, o nome da rede foi substituído para preservar o anonimato. Dentre os vários casos, este, em particular, foi utilizado por ter ocorrido justamente em 2008. Ano em que as primeiras ações, manifestações e programas de Shopper Marketing** no Brasil foram observadas.

Shopper Marketing – emprego de qualquer estímulo de marketing e merchandising baseado no profundo conhecimento do comportamento do Shopper e sua segmentação, desenvolvido para satisfazer as necessidades do Shopper, melhorar a sua experiência de compra, melhorar o "brand equity"* e obter resultados efetivos para varejistas e fabricantes. Fonte: Retail Commission on Shopper Marketing. Este conceito será explorado nos próximos capítulos.

***Brand Equity – é um termo usado em marketing que significa o valor adicional que se atribui a algum produto ou serviço. Esse valor gera grande influência na forma como o consumidor se relaciona com a marca, nos preços, na parcela de mercado e na lucratividade proporcionada pela marca à empresa.

> **PROPÓSITO DO SUPERMERCADO VOLTE SEMPRE**
> **Você é a nossa razão de ser, o centro das nossas ações!**
> Atendimento único e serviços de qualidade sempre

Entretanto, a partir de 2008, lojas agradáveis e bem equipadas, com sortimento adequado e bem-posicionado, com preços competitivos e algumas ações de marketing e merchandising diferenciadas começaram a se mostrar insuficientes para o Supermercado Volte Sempre.

A empresa passou a enfrentar perda gradativa de cliente e retração do tíquete médio, com impactos negativos no faturamento e na sua participação de mercado. De acordo com dados da Nielsen, a empresa apresentou queda de três pontos percentuais no seu share no ano em questão.

O que aconteceu?

Por que o Supermercado Volte Sempre perdeu cliente e enfrentou redução do tíquete médio? Será que o cliente havia mudado de perfil? Será que a rede conhecia, de fato, seus clientes? Ou será que deixou de entregar o que o cliente necessitava? Qual a razão que levou o cliente a abandonar o Supermercado Volte Sempre e/ ou reduzir seus gastos por lá?

O que seria necessário para a rede reverter este quadro? Que ações deveriam ser executadas? Como, na prática, o Supermercado Volte Sempre encarou a situação? Qual o resultado final obtido?

Fazer o cliente optar por uma loja frente aos inúmeros concorrentes, que após a Pandemia se intensificou ainda mais, seja no ambiente *on* ou *off*, fazê-lo passar mais tempo ligado à sua loja/ marca, comprar mais e melhor e retornar sempre que necessário passa a ser um desafio diário e requer profundo conhecimento, planejamento adequado e uma execução eficiente, orientada cada vez mais no cliente.

Assim, diante do cenário complexo que vivemos, sobretudo pós-pandemia, o que fazer?

Meu cliente não voltou, e agora? **25**

Uma coisa é certa, se o Supermercado Volte Sempre não tivesse se estruturado ao longo dos anos, realizando as diversas ações descritas nos capítulos deste livro, com o objetivo de responder de maneira eficiente aos seus clientes, não apenas atendendo-os bem, mas proporcionando a eles uma experiência diferenciada, com vistas a fazê-los voltar e voltar (retenção), os resultados poderiam ser desastrosos.

Ter o foco no cliente e do cliente, e proporcionar a ele novas e melhores experiências de compra, que já era crucial para crescer e se sobressair frente à concorrência, tornou-se vital para, inclusive, sobreviver. E para isso é preciso e possível ter uma gestão orientada por dados o que inclusive é tema do meu novo livro, lançado em Agosto de 2021: "Varejo Conectado: Decisões Orientadas por dados" (Ed. Poligrafia).

Acompanhe ao longo dos próximos capítulos quais são os pilares básicos para atrair, engajar, converter e reter o cliente e, paralelamente, a história e as ações do Supermercado Volte Sempre para sobressair-se à concorrência e melhorar os resultados frente ao dilema da perda de cliente e de redução do valor do tíquete médio. E ainda, o que esta empresa fez ao longo dos últimos 10 anos, desde que publiquei a primeira edição.

Capítulo

2

DE "FREGUÊS A SHOPPER"

As práticas do comércio pressupõem o desenvolvimento de formas de ser, fazer e se relacionar com os homens, mercadorias e serviços.

Para tanto, conhecer e entender quais as mercadorias e serviços deveriam ser ofertados, para quem, onde, quando, como, a que preço, e transformar toda pessoa em freguês, sempre foram os anseios e, até certo ponto, práticas rotineiras no dia a dia de quem faz varejo. Se não eram, deveriam ser!

Até meados do século passado, as pessoas que se dirigiam a um determinado varejista eram carinhosamente chamadas de fregueses. Isso mesmo. Esse era o termo que nossos antepassados usavam para identificar aquele que ia a um determinado local de compra (ponto de venda) e realizava suas compras, tomava suas decisões.

Momento este que era relativamente fácil atrair, engajar, converter e reter o cliente, já que estávamos diante de um mundo limitado a poucas opções, seja pelo número restrito de produtos e marcas ou, ainda, pela quantidade reduzida de tipos e formatos de lojas. No varejo alimentar, por exemplo, tínhamos, à época, mais de três mil habitantes por loja, hoje esse indicador é inferior a dois mil habitantes por loja. E olhe que apenas estamos falando de lojas físicas do varejo alimentar, não considerando as formas alternativas de varejo como o porta-a-porta, os catálogos e, mais recentemente, os grupos de compra, a Internet, por meio do e-commerce e todos os modelos de aplicativos móbile, que permitem ao freguês comprar o que desejar bastando para isso apenas um *click*.

Ademais, uma loja de 500 metros quadrados de área de vendas se limitava a trabalhar com não mais do que cinco mil a seis mil itens. Hoje, esta loja trabalha com 10 mil ou mais itens.

Em outros setores do varejo, o cenário não é diferente. No canal Farma, por exemplo, onde até pouco tempo o negócio era praticamente concentrado nas vendas de medicamentos, hoje, de acordo com dados da Nielsen, o HPC (higiene, perfumaria e cuidados pessoais) já representa entre 25% e 35% dos negócios, dependendo do perfil das drogarias/farmácias.

De acordo com Olegário Araújo, cofundador da Inteligência 360 e pesquisador do FGVcev - Centro de Excelência em Varejo da FGV/Eaesp, essa transformação do canal farma é uma realidade e ocorreu em resposta aos principais vetores que movem o consumo/categorias que são a conveniência/praticidade; a busca por bem-estar/qualidade de vida, a qualificação/sofisticação do consumo e a indulgência. "Mesmo em momento de crise, em que o consumidor tende a racionalizar o consumo, a cesta de HPC é a menos impactada.", diz.

Na prática, a escassez e as restrições de acesso que ocorriam no passado acabavam por limitar o "freguês" em suas escolhas e, como consequência, tornava-os mais fiéis. Porém, as grandes mudanças das últimas décadas – econômicas, sociais, demográficas, tecnológicas, comportamentais – com mais e mais produtos à disposição e diferentes opções de canais de compra, transformaram o freguês, antes fiel, em um cliente multimarca e multicanal.

> *"Quando da transformação do atendimento balcão em autosserviço, vivenciamos, de fato, um grande salto e evolução do varejo. Foi uma verdadeira "revolução" na forma de se fazer varejo, exigindo mudanças e altos investimentos no sistema de comercialização, distribuição, novas técnicas e administração do marketing, expansão dos meios de produção e de vários setores industriais (alimentícios, de embalagens); novos equipamentos (para conservação de alimentos, transportes, exposição, etc.), crédito, entre outros",* ressalta Walter Faria, ex-CEO do Grupo Martins e atual CEO da Pátria Investimentos

Qualquer segmento varejista – do alimentar ao farma, ao eletroeletrônico, moveleiro, têxtil, de material de construção, etc. – vem sofrendo o impacto das transformações de mercado e do comportamento do consumidor. E agora, mais do que nunca com a Pandemia vivenciada ao longo de 2020 e 2021.

Em inúmeras categorias, por exemplo, os shoppers chegam a comprar, em média, o mesmo produto de três diferentes fabricantes e em várias versões. E, em termos de canais de compra, frequentam em geral cerca de oito ou mais opções.

Mudanças impactantes

Em duas décadas ocorreram muitas mudanças, e com elas surgiram novos desafios, com a exigência de novas posturas tanto do lado do varejo quanto de seus parceiros comerciais.

No perfil dos lares brasileiros

Anos 90	Década 2010	Década 2020
Papel da mulher era predominantemente para o cuidado da casa e da família. Menos de 30% estavam no mercado de trabalho	As mulheres somavam mais de 43% do mercado de trabalho, sendo que uma em cada três eram chefes de família	Até 2030 as projeções apontam que as mulheres atingirão 64% do mercado de trabalho
Pouca presença de "shopper" do sexo masculino em supermercados. A mulher era responsável pelas compras do lar e, inclusive, para os homens da casa	Um em cada três shoppers de supermercados nos grandes centros era do sexo masculino. Buscavam itens de higiene, bebidas alcoólicas, produtos gourmet, temperos, queijos, etc.	Os homens ultrapassam 40% dos shoppers nos supermercados nos maiores centros em grandes redes de varejo
Famílias Grandes: 80% delas com mais de três pessoas por lar	Mais de 30% eram compostos por lares com até duas pessoas, sendo que 10% são de lares unipessoais	Mais de 11,5% são lares unipessoais
Forte presença de crianças: 60% dos lares com filhos até 6 anos	51% lares sem crianças e 30% apenas 1 filho por lar.	O número médio de filhos por família atualmente é de 1,6 filhos
Crianças não participavam das decisões de compra	Criança passa a ser influente nas decisões de compra	Dado não disponível devido à pandemia

16 milhões de crianças até 4 anos	13 milhões de crianças até 4 ano	
Predominância da baixa renda + de 50% da população	A classe média passa a ser a maioria (acima de 50%)	Cresce classe DE, tornando-se 57,5% dos domicílios
População mais jovem: apenas 10,7 milhões acima dos 60 anos	Longevidade: 23,5 milhões de pessoas com 60 anos ou mais	39 milhões de pessoas com 60 anos ou mais
1 aparelho de celular para cada 57 habitantes	Mais celular que indivíduo: 1,32 por habitante	1,5 por habitante*

No comportamento de compra

Antes	Década 2010	Década 2020

Ida às compras

Concentração nos 10 primeiros dias do mês com 80% do gasto até o 10º dia do mês	Pulverização do gasto ao longo do mês 33% por cada dezena	Retomada de ligeira concentraçao nos primeiros dias do mês

Tipo de compra predominante

Abastecimento	Reposição e necessidades específicas	Redução na frequência

Compra Média

Muitos itens	Pequenas quantidades	*Smart choice*

Frequência

Mensal	Semanal	Semanal

Quantidade de canais

Máximo 2 canais para se abastecer	85% frequentam 3 ou mais	Era da omnicanalidade, com uso de apps, rede social, compre e retire, *drive-thru*, 8 ou + canais, etc.

*soma-se os *tablets* a esta conta

Fontes: IBGE, PNAD, Kantar, 29ª Pesquisa Anual de Administração e Uso de Tecnologia da Informação nas Empresas

Em termos de tendências que se consolidam, destacam-se também:

Saudabilidade
busca por produtos e serviços que permitam melhor qualidade de vida, que agreguem benefícios à saúde – adição de nutrientes, redução de sódio, sem gordura trans...
Sustentabilidade
preocupação com o meio ambiente, uso de produtos reciclados, embalagens reutilizáveis, etc.
O *Second hand*, por exemplo, é um mercado sustentável, que ganha força e deve movimentar mais de US$ 51 bilhões, inclusive nos segmentos de luxo. Ademais, estatísticas de 2019 mostram que pouparam emissão de 6 milhões de toneladas de CO_2 na atmosfera, segundo a Global Data.
Praticidade
no uso, no preparo, no acondicionamento, a exemplo dos *"ready-to-use"*, suco pronto, molho pronto, pratos prontos e congelados.
Embalagens diferenciadas
menores, mais práticas, econômicas (*pouch*, refis), produtos fracionados, monoporções, sustentáveis.
Presença de crianças nas lojas
com forte poder de influência e decisão – crescem investimentos em embalagens temáticas e há grande aposta no licenciamento infantil.

Aos temas acima, acrescentaria outras tendências relevantes que se consolidaram nos últimos anos (década 2020) e ainda mais com a pandemia, que escancarou nossa fragilidade e vulnerabilidade enquanto seres humanos. Fomos exigidos a repensarmos vários aspectos da nossa vida, da nossa rotina, "resgatar" valores perdidos, adormecidos, esquecidos, valorizar as práticas do capitalismo consciente, a empatia, a colaboração, a solidariedade, fomos exigidos a nos adaptarmos rapidamente às transformações que se fizeram, se fazem e seguirão presentes.

A pandemia introduziu novas práticas, acelerou alguns processos: o setor precisou se reinventar e rapidamente responder de maneira efetiva às novas demandas, como apostar nas novas formas de se fazer varejo (muito mais digital), e em fortalecer os *drivers* de praticidade, conveniência, saudabilidade. O shopper[2] foi ainda mais para o digital, já que estava "confinado" e destaco que passou a enxergar o *on-line* e o *off-line* como complementares, tanto que optam por um ou por outro de acordo com suas diferentes "necessidades" e/ou "momentos", missões de compra.

Grandes mudanças:

- Nas opções e comportamento de compras: muito mais escolhas, menor lealdade, grande mixidade;
- Nas diferenças expressivas dos desejos e aspirações no comportamento, com diferentes perfis e "Gerações" (Millennials, Geração Z, Idosos, Saudáveis, etc.);
- Inúmeras possibilidades de se acessar um produto/serviço = Mundo *on* & *off* integrados e conectados;
- Com a Era do "compartilhar", colaborar;
- A era das Pessoas no centro;
- Explosões na disponibilidade e uso de dados, na exigência de crivo mais analítico: "big data", inteligência artificial etc.;
- Uso mais intenso de dados para a tomada de decisão;
- Tecnologias como meio para otimizar processos, agilizar acesso a dados, facilitar e apoiar a tomada de decisão, melhorar a experiência do cliente e gestão do negócio como um todo.

Além de temas relacionados com a nova era, como:

- Capitalismo consciente: a busca por um maior equilíbrio dos resultados financeiros e com critérios de sustentabilidade (ambientais, sociais e de governança corporativa);
- O ter (posse) *versus* o usar (alugar) e assinar: os clubes de assinatura crescem 3 dígitos e já movimentam mais de R$ 1 bi;

---

2   Sigla em inglês para "comprador" - adotou-se utilizar o termo em inglês para não confundir com o executivo de compras das empresas varejistas: o comprador.

Meu cliente não voltou, e agora?   **35**

- Sair de vender "Produto" para entregar "Serviço", pensando nas necessidades de seus clientes, oferecendo soluções;
- Crescimento do modelo "ágil";
- Diversidade e Inclusão na pauta de todas as áreas;
- Conceito de "life long learning", pelo qual o investir no aprendizado é uma constante;
- Gestão baseada em dados;
- Propósito claro.

Todas estas novas demandas e exigências acabam tornando o mercado muito mais complexo e competitivo, exigindo muito mais esforço para atrair, engajar, converter e reter o cliente, que por sua vez está ainda mais seletivo, conectado, exigente.

Se ao longo do início dos anos 2000, o freguês ganhava mais importância e, inclusive, um novo *status*, o de "Shopper" hoje, então, a prática da SHOPPERCRACIA – ter o cliente no centro das decisões passa ser visto como filosofia, como uma iniciativa estratégica e que deve estar inserida no DNA da empresa.

Vale lembrar que o shopper, portanto, é o cliente que, de fato, vai ao ponto de venda, seja em lojas físicas ou virtuais, e que efetiva as compras. É quem está exposto às ações executadas no ponto de venda e que pode ou não ser o usuário do produto.

Em um mercado altamente competitivo como o do varejo, frente a um consumidor que não leva lista de compra – cerca de 1/3% dos brasileiros têm essa prática de levar lista de compra (Kantar Worldpanel 2018) – quando 76% das compras são decididas no ponto de venda (Popai Brasil 2018[3]), tornou-se um diferencial competitivo para as indústrias e para os varejistas conhecer e entender quem são os clientes (o shopper), que canais e lojas frequentam, como se comportam, o que compram e como compram, as motivações, os por quês das decisões. Enfim, acompanhar sistematicamente seus hábitos e comportamentos passou a ser vital. (Alvarez, 2008).

---

3   *Popai Brasil é uma associação sem fins lucrativos, dedicada ao desenvolvimento das atividades do Marketing no Varejo. Saiba mais: http://www.popaibrasil.com.br/sobre-popai-brasil/#sthash.QVikMr5y.dpuf

Não é à toa que boa parte dos investimentos em marketing passou a ser direcionada ao ponto de venda e mais recentemente para o digital, alavancados, em especial, com a Pandemia.

A pandemia causada pelo coronavírus, conforme já comentamos, impactou pessoas e negócios em todos os lugares do mundo. As medidas restritivas de combate à doença, impôs mudanças significativas no comportamento de todos nós, incluindo, na gestão dos nossos negócios. As empresas tiveram que se reinventar para sobreviver e sobressair-se no cenário que se formara. Uma das principais ações foi a corrida para o digital em todos os aspectos. E a digitalização e transformação digital impactou e continua impactando, as estratégias de marketing das empresas.

No varejo não foi diferente. Ele enfrentou a necessidade de se reinventar: sair das mídias tradicionais para "novas formas de se comunicar" e se relacionar com o cliente. Fortalecimento das ações de comunicação em meios eletrônicos (engajar, sensibilizar, informar) com ênfase na clareza de propósito (ser o exemplo, guiar mudanças, o que sua empresa faz para ajudar/apoiar o dia a dia da comunidade em que está inserida), e guiada por novos valores onde prevalece uma maior conexão emocional para escolha dos canais, marcas: civilidade, colaboração, cooperação, ética, sustentabilidade, responsabilidade social, cultural, econômica, ambiental, diversidade, fornecer informações relevantes sobre o uso, dicas de como fazer, conteúdos relevantes que ajudem no processo de escolha, compra e decisão.

Alguns dados:
- Segundo a pesquisa do IBGE, 33,5% das empresas adotaram a entrega de produtos por *delivery* e a execução de serviços pela internet;
- Em relação às vendas, houve um crescimento exponencial dos *e-commerces* e marketplaces. Esse fato foi comprovado pela 4ª edição da pesquisa do Neotrust, realizada no segundo trimestre de 2020, que afirmou que o *e-commerce* no Brasil ganhou 5,7 milhões de novos consumidores em 2020.

Mas será que essa figura, o "shopper", na prática, é bem entendido por todos?

Vamos a um exercício!

Avalie as frases abaixo e indique quem é o shopper e quem é o consumidor (usuário) nas seguintes situações:

1. Dona Valdirene, mãe de Pedro, foi ao supermercado para abastecer sua casa. Comprou arroz, feijão, "mistura", produtos para limpeza da casa, produtos de higiene básica, entre outros.

Dona Valdirene – mãe ( ) shopper ( ) consumidor ( ) shopper e consumidor
Pedro - filho ( ) shopper ( ) consumidor ( ) shopper e consumidor

2. Dona Andréa, mãe de Betinho, foi ao mercado comprar fraldas para o filho.

Dona Valdirene – mãe ( ) shopper ( ) consumidor ( ) shopper e consumidor
Betinho - filho ( ) shopper ( ) consumidor ( ) shopper e consumidor

3. Seu Antonio foi comprar ração para o Totó.

Seu Antônio – dono ( ) shopper ( ) consumidor ( ) shopper e consumidor
Totó - cachorro ( ) shopper ( ) consumidor ( ) shopper e consumidor
Confira as alternativas no rodapé[4]

---

4   Respostas exercício:
1.   Dona Valdirene (a mãe) neste exercício tinha o papel de shopper e consumidora. Foi ao ponto de venda, responsável pela compra e usuária dos produtos – produtos de consumo familiar
Pedro (o filho) consumidor
2.   Dona Andréa (a mãe) papel apenas de shopper Betinho (o filho) – o consumidor (usuário)
3.   Sr. Antonio (dono do cachorro) – shopper Totó (o cachorro) – o consumidor (usuário)

Por que é importante diferenciar consumidor de shopper?

Embora, até pouco tempo, considerávamos e usávamos consumidor de maneira geral tanto para quem consumia/utilizava um produto quanto para quem ia ao ponto de venda e decidia a compra, reconhecer as diferenças entre os papéis e atitudes do shopper e do consumidor, ajuda a direcionar ações específicas para cada um, já que em muitos casos podem ser pessoas distintas, que assumem papéis muito específicos e, portanto, exigem ações diferenciadas.

> *"Enquanto a publicidade clássica conversa com o consumidor, o varejo se relaciona com o shopper. Teoricamente o consumidor é quem usa o produto e o shopper é quem compra. Às vezes, consumidor e shopper são as mesmas pessoas. Lâmina de barbear, por exemplo, é um item masculino, consumido por homens, mas no supermercado, a maior fatia de compra é realizada por mulheres. Começamos a perceber que os fatores que levam ao consumo são diferentes dos critérios que as fazem decidir pela compra. Por isso, o ponto de venda passou a ser um meio essencial e influenciador, tanto quanto a propaganda foi no passado. Aliás, o PDV não é mais um local de compra e venda, mas de informação e experimentação."*
> Atanazio dos Santos Netto,
> diretor do A.Angeloni & Cia Ltda

Enquanto na decisão do consumidor os protagonistas são o produto em si, a marca, os benefícios que a mesma entrega, para o shopper ganha peso na decisão aspectos relacionados à experiência de compra, e neste processo devemos considerar toda a jornada de compra que vai desde o deslocamento até a loja, disponibilidade do produto, informação como apoio à tomada de decisão, interação com o ambiente, exposição, até a compra em si.

Façamos uma reflexão: você já deve ter saído de casa decidido a comprar uma determinada marca que viu anunciada na TV ou por estar acostumado a usá-la, mas quando chegou à loja mudou de ideia, correto?

Meu cliente não voltou, e agora? **39**

Você se lembra de algumas possíveis razões que o levaram a mudar?

( ) viu outra opção em promoção/oferta

( ) viu uma outra opção exposta de maneira mais efetiva

( ) experimentou com a promotora, gostou e mudou

( ) a promotora te deu informações sobre os benefícios de outra opção

( ) outra opção estava mais barata

( ) não encontrou o que foi buscar

( ) outros

A verdade é que em nossas idas às compras, assumindo o papel de shopper, sofremos impactos e influências das ações que são desenvolvidas dentro da loja, até mesmo pela falta da reposição de um produto ou pela ausência do produto na gôndola (ruptura). Essas ações executadas nos pontos de venda que frequentamos nos "influenciam" de tal forma que, em muitos casos, nos leva a, inclusive, mudarmos nossas decisões. Aliás, nunca foi tão fácil mudarmos nossas decisões. Algumas pesquisas reforçam este aspecto observando que em mais de 50% das vezes que o shopper vai ao PDV ele muda alguma decisão, claro que com diferenças significativas entre categorias e regiões do País.

É neste sentido que a comunicação e as ações a serem desenvolvidas para os consumidores (usuários de produtos) são distintas da comunicação e das ações a serem desenvolvidas para o shopper, que é quem, de fato, vai até a loja e interage neste ambiente. Os shoppers sofrem influências dos estímulos de marketing e merchandising – ações, mensagens, estímulos sensoriais, sejam eles degustações e/ou amostras grátis, promoções, mensagens disseminadas através dos materiais de ponto de venda, promotoras, tabloides, internet, iluminação, ambientação da loja/departamento/seção, sons, aromas, entre outros.

"Com o aumento do poder do varejo, envolvendo políticas próprias de marketing, desenvolvimento de imagem junto ao

consumidor, marca própria, concentração de vendas, entre outros, as indústrias viram-se forçadas a valorizar o ponto de venda para fortalecer suas categorias de atuação e, em especial, suas marcas. O foco passou a ser a valorização e o fortalecimento da interação do cliente com o produto e isso se dá dentro da loja, daí o destaque para o agente que está dentro da loja: o shopper". (Alvarez, 2008)

Em resumo, é o uso de estímulos de marketing e merchandising para fazer o cliente ir até determinado PDV, entrar e circular facilmente, encontrar o que procura de forma mais prática e ágil, colocar o produto na cesta de compra, ir ao caixa e sair de lá com uma experiência agradável. Não à toa, cresce o varejo enquanto mídia, plataforma de publicidade que permite aos varejistas venderem espaços publicitários em seus canais digitais, e hoje com a aceleração do digital, novas exigências são demandadas, inclusive ter um olhar integrado para a jornada do consumidor e shopper, reforçando o conceito de *omnichannel*[5].

A verdade é que o consumidor de hoje é "Omnishopper - comprador que efetua suas compras tanto na loja física quanto através das mais variadas formas de comércio eletrônico - *e-commerce* tradicional, apps, whatsapp, facebook, QRcode, etc., – espera, poder comprar qualquer coisa em qualquer lugar no momento em que lhe for mais conveniente e prático.

Mas, para proporcionar uma boa experiência e entregar essa "promessa" integrada de todos os Ps (produto, preço, promoção, prateleira, PDV, publicidade, e agora, mais recentemente, proteção), torna-se imprescindível conhecer e identificar quem são os clientes, quais são seus desejos, motivações, necessidades e entender seu comportamento e decisões para planejar e executar ações mais direcionadas e eficazes para estimular e inspirar o cliente a querer e a desejar você (seja loja ou marca), convertê-lo e retê-lo, criando, de fato, um diferencial competitivo e obtendo melhores resultados.

---

5   *Omnichannel é uma estratégia que se baseia no uso simultâneo e interligado de diferentes canais de comunicação, com o intuito de estreitar a relação entre o on-line e o off-line.*

Meu cliente não voltou, e agora? **41**

Em resumo, trata-se de oferecer o sortimento e serviços adequados, garantir a disponibilidade dos produtos almejados (abastecimento), ao preço desejado, com boas práticas de exposição, com uma comunicação eficiente, serviços adequados, consistência e coerência entre promessa e entrega, oferecendo uma experiência de compra agradável em todos os aspectos da jornada de compra do cliente, seja no mundo *on & off.*

Exige-se uma real orientação para o mercado e cliente: sair da gestão de categorias/produtos e avançar para a gestão estratégica de clientes, no caso o shopper. O conceito de gestão de cliente não é novo, mas há muito caminho a percorrer.

Adotar uma estratégia baseada no valor do cliente requer recursos e investimentos diversos, pessoas, envolvimento de toda a organização, o uso de tecnologia e planejamento minucioso.

"A empresa que tem o cliente como foco de sua estratégia é mais rentável e competitiva. Mas, transformar os conceitos em ações práticas requer investimentos, disciplina, determinação, proporcionais ao tamanho e complexidade de cada empresa. (Peppers & Rogers, 2004)

De acordo com a Peppers & Rogers[6], umas das empresas pioneiras no desenvolvimento baseado em clientes e criadores do termo Marketing 1 to 1[7], esta metodologia não é uma atividade de marketing ou tecnológica. Representa a cultura e objetivo de uma empresa, determina quais estratégias serão adotadas e como cada ação impacta no valor de sua base de clientes. Mas como conhecer o cliente? O que é necessário saber? Por onde começar? Como e onde buscar informações a respeito? E como transformar este conhecimento em ação? Acompanhe nos próximos capítulos.

---

6   Peppers & Rogers Group é uma empresa de consultoria focada no desenvolvimento e implementação de negócios baseados na correta gestão do relacionamento com clientes.

7   *Marketing 1 to 1 – em inglês, é uma forma de marketing individualizado e personalizado, desenvolvido inicialmente por Martha Rogers e Don Peppers. No Marketing 1 to 1, a empresa deixa de ser orientada somente pelo produto e passa a enxergar os clientes com vistas a conquistar fidelidade e ativá-los de forma pertinente, garantindo aumento do valor do cliente. Desenvolver e gerenciar relações individuais com clientes individuais. Outros nomes CRM, ERM, Gerência de Relacionamento com Cliente, etc. Saiba mais: www.1to1.com.br

O cliente fugiu, meu *share* caiu. E agora?

Terceira 5ª feira – agosto, 2008 – 9h - Reunião Diretoria

Moacir, presidente da rede, abriu a reunião dando as boas-vindas a todos e convidando o diretor financeiro, Élcio, para dar início à apresentação dos resultados do semestre.

A tensão e a expectativa eram grandes. Ele já vinha reportando mensalmente os indicadores que apontavam para um desempenho negativo. "Os resultados não foram nada animadores. Obtivemos no semestre uma retração de 18% no número de cupons – o que indica perda de clientes ou menor frequência de compra e retração de 8% no tíquete de compra. As maiores perdas estavam nos setores de higiene e perfumaria e perecíveis, sobretudo açougue e rotisserie", destacou Élcio.

"Como assim", esbravejou Moacir, indignado.

"Por que nosso número de cupom vem caindo? Estamos mesmo perdendo cliente? Por que eles estão nos abandonando?", complementou.

O silêncio tomou conta da sala.

Até que, André, diretor comercial, comentou; "Tenho recebido *feedback* informal de clientes sobre ter sido mal atendido em diferentes ocasiões." E acrescentou:

"Desenvolvemos campanhas e ações muito genéricas. Não sabemos o que, de fato, o cliente deseja, como comunicar, o que fazer, a forma, o canal mais adequado, nada".

Rapidamente o diretor de Operações, João – uma vez que atendimento faz parte de operações – disse: "atendimento ruim, como assim? Nossa equipe é capacitada, engajada. Esses clientes não sabem o que falam". Ao menos era o que acreditava.

"O problema, tenho certeza que está no acirramento da concorrência. Foram quatro novos concorrentes que entraram aqui nos últimos anos, justificou. E os nossos preços não são nada atrativos.", disse.

Moacir se mostrava irritado e indignado com o rumo que a reunião começou a tomar. Um bate-boca sem objetivo e direção. Todos falavam ao mesmo tempo e sem nenhuma objetividade.

Eis que, Angela, a diretora de marketing, pediu licença e disse: "queridos, de nada adianta essa discussão sem embasamento concreto. Concordo que não temos ações de marketing e comunicação direcionadas, a concorrência se acirrou, preço pode ser um fator importante, enfim. A verdade é que todas essas suposições são subjetivas porque, na prática, não temos informações e dados concretos sobre nossos clientes que nos permita identificar onde está o problema e acioná-lo".

"Uma coisa é certa", continuou. "O mercado mudou, o consumidor também, será que nós caminhamos na mesma direção de nossos clientes? Será que nossos produtos e serviços estão adequados a esta nova realidade? O fato é que não conhecemos nossos clientes, não sabemos quem são, como se comportam, suas necessidades e desejos, suas motivações. Nada. E, com isso, ficamos de mãos atadas para reagir."

Angela que já havia chegado à empresa há menos de um ano, vinda de uma rede maior na capital mineira com uma plataforma de informação consistente, já tinha apresentado anteriormente ao Moacir e irmãos sua proposta para a área, já que se deparou com a falta de informação para o planejamento do marketing.

Pedro, diretor de Recursos Humanos, que tinha participado de um grande evento de varejo em São Paulo, sugeriu: "cada um de nós, assumindo o papel de cliente, deveríamos visitar nossas lojas, e também alguns concorrentes, para realizarmos uma compra e, com isso, avaliarmos cada detalhe neste processo: ambiente, organização da loja, disponibilidade de produto, atendimento, exposição, sinalização, comunicação, entre outros. Todas as *avaliações* e *feedbacks deveriam ser trazidos para a próxima* reunião para discussão e geração de ideias para a construção de um plano de ação". Todos os presentes receberam muito positivamente a ideia, que foi aprovada imediatamente. "Inacreditável", disse Moacir. "Como nos afastamos tanto assim de nossos clientes?", completou. "Quando começamos, na década de 70, éramos muito próximos do nosso cliente. Hoje, com todo o crescimento e desenvolvimento que tivemos me parece que perdemos essa essência. Será?". "À época, meu pai, que ficava na loja todos os dias, recebia os clientes com um agradável café da manhã, por exemplo. E mais do que isso, conversava regularmente com os clientes, visitava-os em suas residências para identificar oportunidades de melhoria, isso para citar apenas algumas ações."

Angela argumentou: "crescemos sim, por inúmeras razões, mas sem processos e sem visão estratégica do cliente. Precisamos reverter este quadro urgentemente", finalizou.

Moacir, então, solicitou a João organizar a agenda e roteiro de visitas e a André as listas de compra considerando produtos que eram carros-chefes: toda a linha de produtos frescos, pratos prontos, rotisserie, frios e laticínios, carnes, entre outros.

Adicionalmente, Moacir solicitou a Angela rever o projeto de gestão de cliente que, até então, estava engavetado. O projeto deveria ser apresentado após a discussão dos *insights* e *feedbacks* da visitação às lojas. Tudo isso ocorreria na próxima reunião, já agendada para a terceira 5ª feira – setembro.

Chegado o dia, todos estavam ansiosos com o que estaria por vir: resultados das avaliações e conhecimento do projeto Gestão de Cliente.

As avaliações surpreenderam a todos. Dificuldades em encontrar alguns produtos, problemas com atendimento, a qualidade, cheiro e a apresentação do açougue, ruptura e alguns problemas com equipamentos no setor de pratos prontos e produtos frescos, ruptura em higiene e perfumaria e em produtos mais sofisticados como temperos, molhos e mostardas, lentidão na fila do caixa, foram alguns dos itens questionados por quase todos os diretores e que deveria ser ponto de atenção.

O fato é que todas as considerações reforçavam a necessidade de se aprofundar o conhecimento sobre o cliente, identificar suas necessidades e satisfação atual com a empresa, para definir

Meu cliente não voltou, e agora? **45**

prioridades e desenvolver ações que revertessem o quadro atual. Angela, então, apresentou sua proposta que sugeria a criação de um programa de fidelidade com o objetivo de construir uma base de dados sobre o cliente, identificar comportamento, direcionar ações. É claro que, dentro da proposta, tinha também um projeto de pesquisa de avaliação.

Angela apresentou três alternativas de propostas para que a diretoria tomasse sua decisão de maneira mais consistente. Em cada projeto, detalhou os benefícios, vantagens e desvantagens, processos, custos, prazos, entre outros.

Dentre as opções apresentadas, a diretoria optou por criar e gerenciar a sua própria base, mas contratando uma consultoria especializada em CRM (*Custom Relationship Management* ou Gerenciamento do Relacionamento com o Consumidor) para ajudar a estruturar todo o processo, já que ninguém ali tinha *expertise* no assunto.

Confira nos próximos capítulos o que o Supermercado Volte Sempre fez e como fez.

O ano é 2023

Com todo o processo estruturado para a gestão efetiva de seus clientes, o Supermercado Volte Sempre já tinha um profundo conhecimento de seus clientes com uma régua de relacionamento bem estruturada. Com isso, antecipou-se à crise e passou de maneira mais sustentável pela pandemia, uma vez que já estava bem consolidado nos seus meios digitais e trabalhando no *on & off* de maneira integrada.

Capítulo

3

COMO CONHECER
O SEU CLIENTE

Saber exatamente quem é o cliente (o shopper), como ele se comporta no ponto de venda, o que ele compra, por qual razão escolheu sua loja, sua marca, frente a inúmeras opções, é essencial para o desenvolvimento de estratégias e táticas que inspire-os a comprar e, sobretudo, retornar e recomprar.

> *"Em qualquer ramo de atuação, o conhecimento aprofundado do cliente é fundamental para o sucesso do negócio. No varejo essa necessidade á ainda mais latente, uma vez que os produtos comercializados pelas empresas concorrentes, com algumas exceções, são iguais ou similares. No setor supermercadista, onde atuamos, é a experiência de compra que proporcionamos ao shopper que faz a diferença. Acreditamos que a excelência no atendimento é a chave para reter e fidelizar os clientes. Temos que colocar o cliente em primeiro lugar e para isso precisamos não apenas ouvi-lo, como entendê-lo. É importante saber o que o cliente sente ao comprar conosco, conhecer seus hábitos de consumo dentro e fora de nossas lojas para que possamos nos antecipar e atender seus desejos e necessidades".*
>
> Everton Muffato – diretor do Grupo Muffato/PR

Você conhece o seu cliente?

A resposta pode parecer óbvia e afirmativa – "sim, conheço" –, mas, na prática, há muito a se fazer.

Se no passado, o varejo, pelas características inerentes à época (limitações em termos de opções de compra, canais, atendimento balcão, entre outros), tinha uma relação muito mais próxima de seus clientes, conhecendo a fundo quem era cada um deles, até mesmo pelo nome, quais seus desejos, necessidades, preferências e hábitos, com grande vínculo afetivo e relacionamento duradouro, de lá pra cá tudo mudou. As transformações que ocorreram, por sinal muito positivas, trouxeram algumas consequências neste processo de conhecimento e relacionamento. O mercado tornou-se muito mais complexo, a concorrência se acirrou e o varejo passou a dar mais ênfase e foco em sua própria operação e na concorrência, distanciando-se do seu bem maior: o cliente!

50

Conhecer o cliente, considerando todas as características mencionadas, incluindo seu processo de compra e tomada de decisões, para entregar a ele o que ele deseja e ser capaz de estabelecer um relacionamento duradouro ficou em segundo plano.

De acordo com dados de mercado, o varejo gasta, em média, quase cinco vezes mais em atrair clientes do que em reter. Adicionalmente, em um ano, o varejo troca mais de 60% sua base de clientes.

Por onde e como começar?

O fato é que, ao decidir conhecer o cliente, temos que passar por um processo que envolve tecnologia, recursos diversos (monetários, humanos) e por uma busca contínua de gestão de informações, entre outros.

Uma prática comum no varejo para iniciar um processo de conhecimento de seus clientes é a realização de "campanhas promocionais" atreladas a uma "pesquisa" através das quais o cliente para participar precisa preencher cupons com dados básicos como nome, e-mail, CPF, endereço, telefone e, em alguns casos, detalhes sobre a compra em si, a exemplo do valor gasto, número de itens comprados, entre outros. A pesquisa de mercado é, sem dúvida, uma das principais ferramentas estratégicas de marketing para a busca de informações sobre o cliente e apoio às decisões.

O avanço tecnológico e o acesso à internet trouxeram modernização, agilidade e robustez à pesquisa de mercado. Sejam médias ou pequenas empresas varejistas, dos mais variados setores, encontramos inúmeros exemplos de ações e campanhas acontecendo com o apoio da internet.

Para participar das campanhas, o cliente deve entrar no site determinado e realizar seu cadastro (as inscrições são realizadas exclusivamente pela internet em endereços específicos, criados para esta finalidade). O cadastro normalmente solicita o CPF, que será o código para análise do cliente, nome, endereço, e-mail, e, em alguns casos, outras informações relacionadas a compra e comportamento. A internet torna o processo mais barato e ágil, já que os dados podem ser estruturados de acordo com as necessidades analíticas e cruzamentos eliminando a necessidade de digitação (o processo tradicional ocorre através de preenchimento manual de cupons e colocação em urnas para posterior digitação e uso) e de tabulação.

Meu cliente não voltou, e agora? **51**

"O fluxo médio de clientes no varejo alimentar, por exemplo, é de 2.000 clientes/dia. Imaginem a dificuldade de digitar, tabular e analisar manualmente mais de 2.000 cupons/dia por loja pelo período das campanhas, que podem perdurar por semanas!" (Fonte: Connect Shopper, maio 2013)

Para quem não possui informações estruturadas sobre o cliente e quer começar a conhecê-lo – situação muito comum no varejo de hoje, mas sem muitos recursos para tal –, o primeiro passo é definir quais as informações devem ser levantadas e o processo de coleta dos dados.

O que se quer obter? Informações de cadastro e dados sociodemográficos? Informações sobre comportamento de compra dentro e fora da loja? Hábitos e atitudes no PDV? Estilo de vida? Ou ainda, agregar informações sobre a satisfação do cliente com a loja, com o produto, com a marca, entre outros?

Vamos começar pelo básico: obter informações sobre cadastro e perfil sociodemográfico.

Algumas questões devem ser respondidas para garantir efetividade no processo de coleta, processamento dos dados, análises e disseminação.

1. O que precisamos saber sobre nossos clientes que nos permita ações mais direcionadas e efetivas? Que informações coletar?
2. Como coletá-las?
3. Como processaremos estas informações?
4. Que decisões poderão ser tomadas com elas?

Para ter maior objetividade neste processo, estruturei um modelo de questionário simples que pode ser aplicado através de entrevista pessoal, questionário impresso entregue na loja ou por Correios, via internet. Tudo vai depender da sua disponibilidade de recurso (humano, tempo, financeiro, tecnológico).

O USO DA INTERNET PARA CONHECER O CLIENTE
Varejista de Porto Alegre (RS)

QUEM?

Varejista com 4 lojas no Sul do País

O QUE?

Decidiu realizar uma pesquisa pela internet com seus clientes para obter cadastro, perfil e alguns dados sobre comportamento.

COMO?

A campanha lançada estimulava o cliente a entrar no site e participar da pesquisa – cadastrando informações relacionadas a perfil, composição e estrutura familiar, renda média, gasto mensal em supermercado, entre outras. Como benefício, emitia automaticamente um cupom de desconto que poderia ser utilizado na próxima compra.

O RESULTADO INICIAL

Mais de 10.000 cupons cadastrados.

Estímulo à recompra - o shopper voltava à loja para descontar o cupom e acabava comprando mais itens.

Obtenção de informações essenciais para o desenvolvimento de ações mais direcionadas.

PÓS-AÇÃO:

Readequação do sortimento.

Exposição e comunicação que facilitasse e agilizasse o processo de compra "Mais de 60% dos respondentes eram jovens de até 35 anos, que moravam sozinhos, trabalhavam fora e boa parte com uma renda tipicamente de classe média alta".

RESULTADO FINAL

Aumento de 23% no tíquete médio

Outra opção de coleta de dados muito utilizada é o questionário impresso para autopreenchimento.

Como funciona: o varejista elabora um formulário impresso e entrega-o na saída do caixa para ser preenchido pelo cliente e devolvido em um prazo estipulado, no balcão de atendimento, no caixa, ou em algum outro ponto da loja, considerando suas disponibilidades.

Meu cliente não voltou, e agora? **53**

Vale comentar que há empresas que podem ajudá-lo na digitação e tabulação dos formulários por um custo irrisório.

Alguns cuidados são essenciais na elaboração do formulário:

1. Simplicidade, clareza, objetividade e adequação à linguagem do entrevistado;
2. Instruções claras e específicas;
3. Como será necessário digitar e tabular se possível, a sugestão é codificar as alternativas, ou seja, dar números para cada alternativa de resposta;
4. Atenção ao coletar dados sobre renda individual ou familiar: coletar tais informações não é tarefa fácil. Há certo "constrangimento" em fornecer tais informações. Uma sugestão é trabalhar com faixas de renda.

Logo abaixo você encontrará uma sugestão de modelo básico de questionário para coletar perfil de seus clientes. Para facilitar, vamos adotar faixas de renda média familiar com base nos dados da FGV – ajustado do Programa de Orçamento Familiar – POF.

Qual a faixa de renda familiar das classes?

Classe A: acima de R$ 9.745,00
Classe B: de R$ 7.475,00 a R$ 9.745,00
Classe C: de R$ 1.734 a R$ 7.475,00
Classe D: de R$ 1.085,00 a R$ 1.734,00
Classe E: de R$ 0,00 a de R$ 1.085,00
*Ajustado pelo POF
Veja mais em http://www.cps.fgv.br/cps/ncm2014/

Ou

Acima de seis salários mínimos
De cinco a seis salários mínimos
De três a quatro salários mínimos
De um a dois salários mínimos
Até um salário mínimo

SUGESTÃO DE MODELO DE QUESTIONÁRIO PERFIL CLIENTE - DADOS BÁSICOS

Questionário nº _____

PERFIL DO CLIENTE

Bom dia/boa tarde, buscando fornecer um melhor atendimento e serviço aos nossos clientes, gostaria de contar com sua ajuda em participar desta breve pesquisa sobre o perfil de nossos clientes. Suas respostas farão parte de um estudo confidencial e a sua identidade será preservada.

NOME DO ENTREVISTADO:
DDD: _____ TEL. _____RES: _____
ENDEREÇO: _____
TEL._____COM: _____CELULAR:_____
E-MAIL: _____
BAIRRO: _____ CIDADE:_____

IDADE	FAIXA DE RENDA	CICLO DE VIDA	
__/__/__ anos	Acima de R$ 9.745	1 Mora sozinho(a)	1
	de R$ 7.475 a R$ 9.745	2 Casal sem filhos	2
SEXO	de R$ 1.734 a R$ 7.475	3 Casal c/ crianças	
Masculino 1	de R$ 1.085 a R$ 1.734	4 pequenas (até 6 anos)	3
Feminino 2	de R$ 0 aR$ 1.085	5 Casal com filhos de 7 a	
TRABALHA FORA	ESTADO CIVIL	12 anos	4
Sim 1	Solteiro 1	Casal com filhos de	
Não 2	Casado 2	13 a 17 anos	4
RESPONDE PELA COMPRA	Viúvo 3	Casal com filhos acima de 18 anos	4
Sim 1	Outros 4	Outros tipos de lares	7
Não 2			

*Ciclo de vida - assinalar a alternativa cionsiderando apenas o filho menor de idade

Escolaridade (resposta única)

Nomenclatura antiga	Nomenclatura atual	Respondente
Analfabeto/Primário incompleto	Analfabeto/ Fundamental I (incompleto)	1
Primário completo/Ginasial incompleto	Fundamental I(completo) / Fundamental II(incompleto)	2
Ginasial completo /Colegial incompleto	Fundamental II(completo)/ Médio (incompleto)	3
Colegial completo /Superior incompleto	Médio (completo)/Superior (incompleto)	4
Superior completo	Superior (completo)	5
Pós-Graduação /MBA	Pós-Graduação /MBA	6
Mestrado /Doutorado	Mestrado /Doutorado	7

Responsável pela compra

Sim.. 1
Não... 2

Meu cliente não voltou, e agora? **55**

Para garantir maior adesão ao projeto, é interessante oferecer algum tipo de "benefício" ao cliente: vale-compra em um valor específico que será fornecido com a entrega do questionário respondido, prêmios e brindes diversos, entre outros.

Curiosidade

Uma pergunta recorrente é sobre quantos questionários respondidos são necessários para obter consistência estatística.

A verdade é que após muitos estudos e análises, inúmeros estatísticos e estudiosos chegaram a uma conclusão.

- Regra Básica: Grande suficiente para que, quando separada em grupos, cada um deles tenha um tamanho mínimo de 100 ou mais unidades (Aaker, 2001, p. 407).

- E se necessário subgrupos destes, o tamanho mínimo de cada subgrupo deve ser de 30 a 50 sujeitos (menor acuracidade).

Ademais, existem hoje tabelas que nos dão com precisão o tamanho ideal considerando a margem de erro desejada e o tamanho absoluto do universo estudado.

O cuidado que se precisa adotar é em relação à seleção dos entrevistados de modo que atendam aos requisitos mínimos do universo estudado para não obter viés.

Como dica, segue abaixo tabela que o Sebrae disponibilizou, considerando um erro amostral de 5% – comum em marketing.

Notem que está subdivido em dois níveis de "Split" diferentes, que demonstram o nível de variação das respostas, isto é, o grau de homogeneidade da população.

Um split de 50/50 indica muita variação entre as respostas dos entrevistados (população mais heterogênea em termos de renda, sexo, idade, etc.). Já um split 80/20 indica uma menor variação (população mais homogênea). Quando não se tem noção do grau de homogeneidade da população, deve-se considerar um split de 50/50 para se alcançar um nível maior de confiança nas respostas.

56

Tabela determinante do tamanho da amostra*

POPULAÇÃO	SPLIT 50/50	SPLIT 80/20
100	80	71
250 1	52	124
500	217	165
750	254	185
1.000	278	198
2.500	333	224
5.000	357	234
10.000	370	240
25.000	378	243
50.000	381	245
100.000	383	245
1.000.000	383	245
100.000.000	384	246

* Erro amostral = +/-5%

Fonte: Curso Inciando um Pequeno Negócio - Sebrae

Como usar a tabela acima

Supondo que você tenha aproximadamente 1.000 pessoas que visitam a sua loja, verificando a tabela, teremos:

Universo a ser pesquisado 1.000
Erro amostral..5%
Split..50/50
Amostra..278

Como adotar um programa de fidelidade?

Se você deseja adotar um programa de recompensa ou fidelidade você deve:

1. Identificar o que é relevante ao cliente;
2. Avaliar a sua capacidade tecnológica e de atendimento;
3. Adotar um programa alinhado à sua estratégia;
4. Coerência e consistência entre a promessa e a entrega;
5. Avaliar as opções atuais – modelos existentes;
6. Monitorar continuadamente o desempenho.

Meu cliente não voltou, e agora?

Visão estratégica do cliente

Dando continuidade na busca de conhecer o cliente para melhorar a interação e o relacionamento com ele, chegamos a um novo modelo de negócio que tem o cliente no centro das decisões, o que podemos chamar de Gestão Estratégica de clientes. "A empresa que tem o cliente no centro de suas ações procura de fato conhecê-lo mais profundamente e melhorar sua experiência nos pontos de contato, o que permite gerar um grande diferencial competitivo, em complemento a outras estratégias adotadas", diz Eduardo Bonilha, especialista em gestão estratégica de clientes.

O processo de gestão do conhecimento e da experiência do cliente – que envolve inicialmente a busca por informações e tratamento das mesmas –, precisa ser bem planejado e executado, com propósitos, métodos e processos claros, bem definidos e estruturados para que, ao final, se obtenha as informações necessárias e estruturadas, que sejam eficazes como apoio ao desenvolvimento da estratégia e do plano de ação.

"Nós temos somente duas fontes de vantagem competitiva: Conhecimento – capacidade de aprender mais sobre nossos clientes, mais rápido que nossos concorrentes. Experiência – capacidade de transformar esse conhecimento em ações, mais rápido que nossos concorrentes." – Jack Welch, sobre a estratégia competitiva da GE para o século 21 – (Fonte: Coop - Gestão de Cooperados Workshop de Gestão de Clientes – 2012 – Peppers & Rogers Group)

Na prática, é implementar o CRM Gerenciamento da Relação com o Cliente – abordagem que coloca o cliente no centro dos processos do negócio. Criada para definir toda uma classe de ferramentas que automatizam as funções de contato com o cliente, e compreendem sistemas informatizados e fundamentalmente uma mudança de atitude corporativa, foi em meados dos anos 2000 que o CRM começou a ser amplamente discutido. O objetivo maior é criar e manter um bom relacionamento com os clientes, armazenando e inter-relacionando-se de forma inteligente, informações. Trata-se de oferecer um tratamento personalizado aos clientes, de acordo com as preferências e hábitos de compra de cada um deles, transformando o cliente eventual em um cliente frequente, o baixo leal para alto leal e assim por diante. O CRM deve ser entendido como um processo de conhecimento e relacionamento, não apenas uma "ferramenta".

> *"Os dados do CRM são encorajados através do nosso programa de relacionamento - Meu Costume - que já conta com 80% de nossas vendas registradas. Além dessas informações, estudamos os dados de venda e os dados de mercado através da Nielsen. Adicionalmente, a cada dois anos, realizamos uma pesquisa com nossos clientes para levantar informações sobre escolaridade, classe socioeconômica e os aspectos mais desejados, entre outros."*
>
> João Severino Neto, presidente do Super Mercadinhos São Luiz.

Entre ter alguns dados básicos do cliente e implementar um programa de gestão efetiva dos mesmos, há um longo caminho a percorrer.

Pesquisa realizada pela Connect Shopper em maio de 2013 e atualizada em outubro de 2020, com varejistas de diversos setores (alimentar, têxtil, eletroeletrônicos, material de construção, etc.), demonstrou que apenas 4 varejistas em 10 têm de fato uma base de cliente bem estruturada, atualizada e gerenciável (eram 3 em 2013 quando realizamos a pesquisas pela 1ª. vez). Constam nestas bases dados sobre cadastro básico, perfil sociodemográfico, dados sobre comportamento de compra, e segmentações de clientes que permitem, de fato, estabelecer um relacionamento com ele de forma consistente, contínuo e direcionado.

4 em 10 varejistas

Têm base de cliente estruturada, atualizada e gerenciável

Fonte: Connect Shopper – outubro 2020

> *"O varejo diz que o cliente é importante. E, sem dúvida, é! Mas, na prática, poucos possuem, de fato, um "data mining" capaz de fazer análises transacionais, segmentar o perfil de cliente, reconhecê-lo em suas necessidades. Faltam propósitos claros – quem se quer atender e o que se quer entregar –, faltam ferramentas, mão de obra qualificada, visão de longo prazo e o entendimento de que os investimentos necessários devem ser vistos como valor e não como custos. Falta, ainda, inteligência aplicada ao negócio, visão de cliente e foco no cliente. Por incrível que pareça, o varejo tem mais dificuldades de ter foco e orientar-se pelo cliente que a indústria, que está passos à frente."*
>
> Celso Furtado, ex gerente de Marketing da Coop, atual Vice-presidente de vendas e marketing da Abras.

Meu cliente não voltou, e agora? **59**

As dificuldades mencionadas por varejistas são inúmeras, desde a capilaridade do varejo e complexidades em manter um padrão de operação comum por onde expanda seu negócio, passando pela baixa qualidade e alta rotatividade da mão de obra, por treinamentos pouco eficientes e não constantes, por um baixo contingente de pessoas capacitadas para atender com qualidade, por uma carga de trabalho intensa, até a falta de liderança estratégica, visão e foco no cliente.

> *"O varejo está de certa forma viciado, olha apenas para o concorrente, com a ótica do próprio varejo. O varejo precisa olhar para sua operação e tentar ter personalidade com um foco real no cliente. Superar questões culturais, falta de pesquisa, falta de processos, falta de investimento e outros meandros que inibem inovação de fato".*
>
> Celso Furtado, ex-gerente de Marketing da Coop, atual Vice Presidente de vendas e marketing da Abras.

Um exemplo de sucesso na Gestão de Cliente é o caso da Coop, que contratou em 2008 uma consultoria especializada em marketing 1to1 para apoiar a criação e desenvolvimento de toda a estratégia adotada e ajudar na gestão, manutenção e análises. Acompanhe o caso a seguir:

DE BANCO DE DADOS E CADASTRO À ESTRATÉGIA DE VISÃO DE CLIENTE
COOP, Santo André (SP)

Claudia Montini, à época coordenadora de Marketing da Coop, hoje gestora de CRM, Grupo Pereira

Para iniciar o processo de conhecimento e gestão de cliente foi necessária mudança cultural, com o envolvimento de todos da organização, além de processos e metodologia, somados a investimento em tecnologia e ferramentas, entre outros.

Por ser uma cooperativa de consumo, a Coop já possuía os dados cadastrais de seus clientes, porém, não explorava essa base para melhorar os seus resultados. Para realizar compras na Coop era necessário ser um cooperado. Nos dias atuais, 85% das compras são identificadas. São mais de 1,5 milhão de cooperados. Na prática, tínhamos um grande banco de dados – muitos dados, mas nada gerenciável.

Em 2006, a Coop contratou o Peppers & Rogers Group com o objetivo de avaliar as práticas até então realizadas e promover as mudanças necessárias com foco e visão de cliente.

As atribuições da Peppers & Rogers eram a de desenvolver, manter, enriquecer e gerenciar a base de cooperados, adicionalmente realizar análises e *insights* para apoiar as ações de interações e sempre garantindo alinhamento aos princípios cooperativistas. A esta iniciativa a Coop denominou de Gestão de Cooperados.

À Coop, ficaram as decisões de o que e como comunicar, como se relacionar com o cliente.

O principal objetivo definido para a iniciativa estratégica de Gestão de Cooperados foi o de melhorar a experiência dos cooperados e estabelecer relacionamentos personalizados com eles. O resultado financeiro esperado desses investimentos era o incremento do fornecimento bruto da Coop.

Um ponto imprescindível foi o fato de que a presidência da Coop sempre esteve disposta a acompanhar o projeto e liderou desde o início a ideia da estratégia de Gestão de Cooperados.

"O endosso da estratégia, a clareza de sua divulgação e a liderança presente em todos os momentos são fatores críticos para o sucesso de iniciativas estratégicas em geral e, sobretudo, para as iniciativas de gestão de clientes.", consultoria

A Gestão de Cooperados para a Coop nunca foi apenas um projeto, mas um novo modelo de negócio, uma nova filosofia de trabalho que faz parte do "DNA" da empresa.

"Gestão de Cooperados é a grande estratégia, o 'guarda-chuva' que agrega e amarra as diversas iniciativas e projetos da Coop, e que representa o seu diferencial competitivo", completa o sr. Monte – presidente da Coop à época e atual presidente da Rede Brasil.

Queríamos não apenas entender quem era a "Maria" cooperada e qual o relacionamento que ela tinha conosco, mas também, identificar o potencial e oportunidades de ampliar esse relacionamento. Qual o relacionamento que Maria poderia ter e quais necessidades que poderiam não estar sendo atendidas. A ideia era buscar fortalecer o vínculo e rentabilizar quem já estava conosco, ao invés de simplesmente buscar novos clientes.

O primeiro passo foi a realização de um diagnóstico profundo sobre a base de clientes para levantar quais informações estavam disponíveis e identificar oportunidades de ajustes, melhorias, complementações, entre outros.

À época, pelo fato de cada cliente ter seu número de matrícula de cooperado e identificar-se na hora da compra, a base de dados além de contar com dados de cadastro como endereço, telefone, composição familiar, possuía também algumas informações sobre perfil e dados de comportamento de compra como tíquete e cesta de compra, frequência, entre outros.

É claro que detectamos espaços para melhorias e ajustes necessários a serem executados na base, que foram ocorrendo à medida que avançamos com os processos. Um ponto crucial foi o de manter ações contínuas para atualização, limpeza e correções de dados. Os clientes mudam e manter a base atualizada e pronta para análises e interações não é um processo fácil. Foi necessário, inclusive, adotar estratégias para estimular o cliente a continuadamente manter-se ativo e com seus dados atualizados. Criamos ações específicas para garantir atualização da base.

Tivemos que implantar, por exemplo, um processo contínuo de limpeza de dados e ajustes para deixar a base sempre pronta para utilização adequada.

Outro cuidado importante foi treinar a operadora de caixa para solicitar a identificação do cliente e garantir que ele fosse identificado.

O diagnóstico inicial foi essencial também para propor várias ações, a saber:

1. Desenho de processos para cadastramento e atendimento a cooperados call center).

2. Criação dos comitês Executivos de Gestão de Projetos e Iniciativas (GPIC) e de Governança de Clientes, com acompanhamento das principais metas, indicadores e planos de ação relativos ao conhecimento e à experiência dos cooperados.

3. Construção, tratamento e manutenção da base de dados de cooperados.

4. Segmentação da base por valor real (faturamento e margem) e compor- tamento de compra – que discutiremos no próximo capítulo.

5. Gestão contínua de campanhas de relacionamento, considerando as segmentações desenvolvidas.

Gestão de Cooperados

Capacidades Desenvolvidas 2007-2012

Diagnósticos 2006/2007

- Gestão de Diagnóstico
- Análises.Segmentação por Valor e Campanhas
- Desenho de Processos
- Implatação Call Center
- GPIC (Gestão de projetos)
- FGR (Fórum de Garantia de Receitas)
- Sistematização das Campanhas de Relacionamento

- Evolução dos Segmentos por Valor Real (Margem e Faturamento)
- Segmentação e Estratégia por Portfólio
- Evolução e Gestão das Campanhas de Relac.
- Estudos e Estratégias de Prog. de Fidelidade
- Governança de clientes e Reuniões executivas

Novo Diagnóstico e Plano Estratégico 2012/2014

- Revisão de Segmentação por Valor Real
- Segmentação por Comportamento e Modelo Preditivo de Inativação
- Novos estudos e análises da base de Cooperados

TECNOLOGIA
Estruturação, Tratamento e Análise da Base de Cooperados

Resultados finais obtidos

Estruturação de Base de Dados com mais de 1,5 milhão de cooperados, identificados com dados cadastrais, demográficos e transacionais.

Disponibilização de dados tratados para interação com os cooperados, possibilitando aumento de efetividade e redução de custos de comunicação.

Informações essenciais para aprimorar estudo sobre cliente: shopper!

"Conhecer o cliente é crucial para sobreviver e crescer. Hoje já estamos trabalhando e/ou negociando com diversos institutos de pesquisas para aprimorarmos nossas análises e entendimento do cliente: o shopper", diz Walter Faria, ex-CEO do Grupo Martins e atual conselheiro de diversas empresas .

Para conhecer o shopper, utilizamos a metodologia "5WH", a saber:

WHO = QUEM – identifica quem é o cliente – perfil e características sociais, demográficas –, permite explorar segmentos específicos e desenvolver ações direcionadas.

WHAT = O QUE – identifica o que compra – permite explorar a cesta de compra do cliente, identificando superposição de categorias, e oportunidades de oferecer soluções personalizadas, categorias complementares, entre outros.

WHEN = QUANDO – identifica o período da semana e do mês em que o cliente realiza suas compras – permite aprimorar os processos de abastecimento/ distribuição, garantir disponibilidade do produto e/ou da marca desejada, minimizar rupturas, entre outros.

WHY e WHY NOT = POR QUÊS e NÃOS – identificam as razões das escolhas de determinados comportamentos, motivos da não compra, etc.

HOW = COMO – identifica como os clientes se comportam quando vão às compras considerando, frequência de compra, tíquete gasto por ocasião, compra média, as diferentes ocasiões de compra e/ou consumo, entre outros.

"Aprofundar o conhecimento e o entendimento sobre o shopper considerando todas essas variáveis é essencial para desenvolver ações mais direcionadas para influenciar positivamente o shopper a favor da loja e da marca em todos os pontos de contato (on & off)", ressalta Walter Faria.

Para o Grupo Muffato não é diferente.

> "Os desafios de conhecer o cliente são imensos. Em nosso país, onde o regionalismo é muito forte, temos que respeitar as diferenças de comportamento dos consumidores, dependendo da região onde vivem. Portanto, generalizações e padronizações são perigosas. Cada região tem suas particularidades e hábitos diferenciados de consumo e um dos grandes desafios é perceber isso e traçar estratégias diferentes para públicos diferentes. Cada cliente quer se sentir especial, importante e único e nossa equipe tem que estar preparada para proporcionar-lhe essa sensação. Assim, o treinamento constante e intensivo dos colaboradores é outro desafio por conta do turnover. Também precisamos compilar e unificar os dados sobre os clientes que estão espalhados pelos diversos canais de comunicação que a empresa disponibiliza. Temos que reunir as informações das lojas, dos cartões de crédito próprios, do SAC, do Facebook e analisar como o cliente se comporta ao usar cada um desses canais. O processo de conhecer profundamente o shopper demanda investimentos e isso precisa estar computado no budget anual de forma que os resultados esperados pela empresa sejam realmente alcançados".
>
> Everton Muffato – diretor do Grupo Muffato

Um dado super relevante que deve ser acompanhado e analisado continuadamente é o tíquete de compra. Além de ser um indicador de eficiência, ele traz informações imprescindíveis para ações mais direcionadas. Desde apoiar as decisões sobre que tipo de promoção realizar, que campanhas executar até uma oferta de produtos e serviços complementares ou ainda, soluções completas ao cliente. Veja a seguir:

UM OLHAR SOBRE O TÍQUETE DE COMPRA
Varejista de Fortaleza (CE)

QUEM?
Varejista com loja de 800m² no Ceará
O QUE?
Monitoramento do tíquete de compra
COMO?
Monitorando os tíquetes de compra dos clientes o varejista, em questão, descobriu, por exemplo, que na maior parte das ocasiões que os clientes com pravam batata palha, compravam também verduras e creme de leite, todavia, em nenhuma ocasião compravam outros salgadinhos, local em que geralmente batata palha estava exposta.

POR QUE ISSO ACONTECIA?
No geral, para o shopper batata palha não é consumida como salgadinho e sim como complemento alimentar, sendo usada no cachorro-quente, no estrogonofe e em saladas.
O QUE FEZ?
Expôs a categoria além do ponto natural (com salgadinhos) juntamente com verduras e no setor de molhos prontos e próximo ao creme de leite.
RESULTADO
A venda da solução ao cliente trouxe um incremento de 18% nas vendas das categorias correlatas, como creme de leite e catchup e 12% em folhas verdes.

Embora muitas informações sobre perfil de cliente, comportamento de compra, tendências de consumo em geral, podem e devem ser obtidas em dados secundários – fontes já disponíveis no mercado, como IBGE, Ipea, institutos de pesquisas, associações comerciais, revistas especializadas, empresas de consultorias –, explorar o universo particular de seus próprios clientes com a profundidade e especificidade necessárias somente poderá ser efetivado por meio de pesquisas específicas, construídas para esta finalidade através de institutos de pesquisas especializados ou realizadas por você, utilizando seus próprios clientes e recursos, porém, com métodos e propósitos bem definidos e consistentes.

Pesquisas centradas no shopper

Conforme já mencionamos, não adianta apenas dados cadastrais e/ou demográficos, é preciso ir muito além para, de fato, estabelecer relacionamento eficiente com o cliente. Hoje contamos com inúmeras ferramentas e metodologias disponíveis no mercado para lidar com a complexidade no entendimento do comportamento do shopper nos dias atuais, entendendo quem é ele, como se comporta quando vai às compras, o que pensa e como age durante a compra, as motivações que explicam tais comportamentos e o processo de tomada de decisões, entre outros.

Aos tradicionais métodos de pesquisa como, por exemplo, os grupos de discussão, entrevistas pessoais, observações de compra no ponto de venda, entre outros, somam-se técnicas mais modernas e novas metodologias com o objetivo de se obter maior precisão e consistência nos estudos de shopper.

Afinal, o objetivo maior de pesquisas orientadas ao shopper trata-se de compreender não apenas o que o cliente diz, mas o que pensa, o que faz, como se comporta, quais os fatores motivadores destas ações.

Assim, tecnologia aliada a pesquisa e ciência juntas propiciam inúmeras técnicas.

Algumas técnicas inovadoras para estudos de shopper

- Neuromarketing é um campo do marketing que estuda a essência do comportamento do consumidor. É a união do marketing com a ciência, e visa entender os desejos, impulsos e motivações das pessoas através do estudo das reações neurológicas a determinados estímulos externos. Utiliza tecnologias de imagem por ressonância magnética para medir a quantidade de sangue oxigenado no cérebro visando identificar com precisão as variações das suas atividades. Portanto, quanto mais uma determinada região do cérebro estiver trabalhando, maior será o consumo de combustível (principalmente oxigênio e glicose) e fluxo de sangue oxigenado para aquela região.

Meu cliente não voltou, e agora? **67**

- Aplicação: Serve dentre várias alternativas para melhorar as métricas de preferência do consumidor, já que traz informações sobre como ele reage frente aos estímulos diversos que pode sofrer. Seja em relação ao canal/loja, produto ou marca, ou, ainda, sobre as ações a serem executadas na loja. Usada na criação de anúncios/ filmes, embalagens, materiais de comunicação, entre outros.

- *Eye Tracking* é o uso de óculos especiais que permitem saber para onde, de fato, o shopper está direcionando seu olhar, ou seja, o que está olhando enquanto circula pela loja, quando entra em um corredor, quando para em frente a uma gôndola, na interação com um produto e com os materiais de comunicação. Com o *Eye Tracking* é possível conhecer como o shopper toma as decisões, o que é realmente atrativo no PDV.

Aplicação: É útil para analisar a efetividade de embalagens e de materiais de PDV, estudo da Árvore de Decisão do Shopper, orientações para a melhor ativação do PDV, entre outros.

Outras opções:

1. Identificação por radiofrequência para garantir a rápida reposição de itens na área de vendas identificando as movimentações dos produtos das lojas por meio de "etiquetas inteligentes".

2. Simuladores de Lojas 3D – através de sistemas de computadores, simulam uma loja em 3D onde os consumidores andam como se estivessem na loja e compram por meio de um painel touch screen. Esta técnica é muito usada para desenvolvimento de planogramas, ações promocionais e materiais de POP, por exemplo.

3. Análises das transações e dados de programas de fidelidade.

4. Informações de *check-outs* que ajudam a entender o potencial para promoções, vendas cruzadas e fidelidade dos clientes às marcas e permitem criar modelos para desenvolver ofertas mais efetivas.

5. Pesquisas em tempo real – metodologia aliada a alta tecnologia, e com um preço acessível, pode-se obter maior agilidade e rapidez em pesquisar e medir as ações do shopper, envolvendo pesquisas de preços e de comportamento do shopper.

6. Lojas laboratórios – são laboratórios que simulam uma loja fictícia para estudar o que pensam, como se comportam os clientes, motivações e decisões, para onde olham, como caminham dentro da área de vendas, quanto tempo demoram para decidir o que comprar, entre outros. Um exemplo no Brasil é o Retail Lab da ESPM.

7. Redes sociais – não podemos deixar de citar as redes sociais

que hoje estão sendo utilizadas como uma poderosa ferramenta de relacionamento e pesquisa sobre o consumidor.

8. Adoção mais intensa de tecnologias de Big Data: uma das principais tendências que vem se consolidando nos últimos anos, inclusive para automatização da coleta de dados externos. Segundo a revista Forbes, a adoção saltou de 17% em 2015 para 59% em 2018 e continua a crescer ano a ano. De acordo com a Entrepreneur, empresas que utilizam a tecnologia observaram um crescimento de 8% a 10% em seus lucros.

9. O uso da Inteligência Artificial[8] para analisar diferentes dados dos clientes, notar alterações em seu comportamento, e realizar análises preditivas, uso de dados, algoritmos estatísticos e técnicas de "machine learning[9]" para identificar a probabilidade de resultados futuros, a partir de dados históricos.

De acordo com Jorge Kodja, expert em pesquisas e estudos de shopper, não podemos deixar de mencionar as técnicas de etnografia digital através da qual, o shopper vai reportando suas emoções e nível de satisfação a cada ponto de contato da jornada de compra.

Saiba mais, acesse: http://www.natieye.com/br – plataforma de pesquisa mobile – captura ideias e experiências em qualquer lugar. Ou ainda, http://www.susagroup.com/services/tools-to-measure-emotions/panoremo/– ferramenta digital que permite avaliar a experiência emocional em qualquer ambiente.

Hoje não faltam metodologias, ferramentas, possibilidades.

---

8   A inteligência artificial ou IA é a capacidade da máquina imitar algumas características humanas, como a percepção visual, reconhecimento de fala, tomada de decisão e tradução de idiomas.

9   Machine learning = subconjunto da IA = a capacidade dos computadores aprenderem sem ser explicitamente programados, ajustando-se para dar uma resposta de acordo com os dados disponíveis para análise.

Seja qual for a ferramenta, a técnica e/ou metodologia escolhida, das mais tradicionais às mais sofisticadas, o importante é ter clareza no objetivo e propósito, planejamento minucioso, processo estruturado - da coleta ao uso -, para garantir o resultado esperado e a efetividade.

> "Identificar os desejos do cliente, saber ouvi-lo, saber suas opiniões é um grande desafio. Mas é a única maneira de fazermos algo melhor para ele. A busca da excelência para um relacionamento baseado na confiança é a principal ferramenta de fidelização e venda. Conhecendo os hábitos e o comportamento do consumidor, é possível oferecer na loja produtos que ele aprecie e goste, nunca deixando faltá-los nas gôndolas, para não ter a perda das vendas e também abalo na imagem da empresa. Para driblar tais problemas, é essencial que o varejista conheça bem seu cliente, desenvolva ações de retenção, tais como oferecer novas categorias de produtos, bom atendimento, campanhas de aniversário com sorteio de prêmios, etc."
>
> João Galassi, presidente da Associação Brasileira de Supermercados (Abras)

Informações básicas necessárias para aprimorar estudos sobre o cliente

INFORMAÇÕES	INDICADORES	PARA QUE SERVE	O QUE SE PODE FAZER COM AS INFORMAÇÕES
Características Sociodemográficas	Endereço + E-mail + Telefone	Identificar o perfil do cliente e sua estrutura familiar	Desenvolver produtos, soluções, ações de marketing, comunicação, adequação do sortimento (produtos, mix de tamanho, marcas), oferta e nível de serviços, promoções (duração e tipo), publicidade, materiais de POP, ativações mais assertivas. Planejamento mais adequado do abastecimento e distribuição
	Renda Familiar ou Faixa Salarial ou Clas. socioeconômica		
	N°. de habitantes por domicílio e faixa etária dos diferentes membros da família		
	Estado Civil		
	Escolaridade		
	Ciclo da Vida (solteiros, pessoas que moram sozinhas, casados sem filhos, com filhos, diferenes faixas etárias, etc.		
Perfis Psicográficos	Atributos relacionados com o conjunto de valores, atitudes, interesses e estilo(s) de vida	"Identificar fatores psicológicos, sociológicos e antropológicos, como benefícios desejados, autoimagem e estilo de vida. Em síntese: identificar e segmentar os clientes considerando como vivem, pensam, sentem"	
Histórico de clientes	Número de clientes	Identificar número de clientes atuais, abandonadores, novos, repetidores é algo útil para determinar segmetnos a desenvolver	
Comportamento	Tíquete Médio	Qual o desembolso do shopper cada vez que vai ao PDV	
	Frequência de Compra	Quantas vezes o shopper vai a uma determinada loja	
	Compra Média (n. de categorias e qtd. comprada	Quais as categorias, itens comprados e respectivas qtds.	
	Indicadores de Conversão	Qtos clientes entram na loja	

Meu cliente não voltou, e agora? **71**

INFORMAÇÕES	INDICADORES	PARA QUE SERVE	O QUE SE PODE FAZER COM AS INFORMAÇÕES
Comportamento		Determinado corredor, qtos param, qtos interagem com o produto e qtos foram efetivamente convertidos em shopper	
	Tipo de Compra (Abastecimento, Reposição, Ocasiões Especiais, etc.)	Identificar através da declaração e/ou análise do tamanho da cesta + número de categorias + tipo de produtos, o tipo de compra realizada	
	Atitudes em relação às decisões de compra	Quais os atributos relevantes na tomada de decisão: preço, promoção, marca, informação, entre outros	
	Razões da escolha do Canal	Quais os atributos relevantes para a escolha do canal/loja: localização, preço, variedade, serviços, entre outros	
	Razões da Compra/ Não compra	Quais os motivos que levam o seu cliente a comprar ou não determinados produtos / serviços	
	Outras lojas em que costuma comprar	Identificar concorrentes	
	Relação com Preço/ Promoções	Identificar a importância de atributos como preço, os diferentes tipos de promoções, qualidade, sortimento, etc. nas decisões do cliente	
	Árvore de Decisão	Como o cliente decide/ escolhe um produto: marca, embalagem, preço, etc.	
	Tempo gasto para comprar	Qual o tempo gasto dentro da loja, em cada corredor, em frente à gôndola	
	Nível de satisfação	Qual o nível de satisfação qual a loja, serviços, produtos e o impacto nos negócios	

INFORMAÇÕES	INDICADORES	PARA QUE SERVE	O QUE SE PODE FAZER COM AS INFORMAÇÕES
Dados Usuário	Perfil e Razões de Uso/Consumo	Identificar para quem é o produto/categoria e uso/consumo	
Tendências	Mercado, Consumo, Consumidor	Identificar as tendências do mercado e o impacto para o negócio	

Outras formas de conhecer os clientes, com menor investimento

• Aplicar um bate-papo informal ou uma conversa mais estruturada com os clientes sempre que possível para conhecê-los, identificar e entender as razões, motivações da compra, percepções e satisfação com produtos e serviços, entre outros;

• Observar continuadamente o comportamento de compra do cliente dentro da loja.

Em uma simples observação do dia a dia do seu negócio, por exemplo, analisando quem entra e quem sai, poderá identificar grupos específicos de clientes e apoiá-los a definir que foco você pode dar ao seu negócio, desde avaliação/melhoria do sortimento, até oferta de serviços, ações de comunicação, entre outros.

Meu cliente não voltou, e agora? **73**

> ### "CONSELHO DE CLIENTES"
> ### EPA/DMA, Belo Horizonte (MG)
>
> "Para conhecer o cliente, saber o que ele quer, é preciso investir em pesquisa, conhecimento, inteligência. Mas, em muitos casos, ouvir o cliente ainda que de maneira informal, já trará inúmeros benefícios.
>
> Destaco, como exemplo, o nosso "conselho de clientes". Em cada loja tínhamos uma pessoa responsável por ter regularmente reuniões com clientes para identificar oportunidades de melhoria e cativá-lo.
>
> Era muito interessante, grande parte dos convidados aceitava participar e comparecia, de fato. Era um projeto bem direcionado e organizado de modo a obtermos fatos relevantes.
>
> Mas este é um tema complexo. Não basta simplesmente ouvir o cliente, é preciso reagir às suas solicitações, ou seja, ter efetividade nas ações e engajá-los de modo que percebam que sua solicitação foi atendida. E, em caso negativo, esclarecer o porquê do não atendimento. No EPA, quase 90% das solicitações dos clientes eram atendidas.
>
> O ganho foi significativo, não apenas financeiro, mas de imagem e retenção. Hoje, inclusive, com a facilidade dos meios eletrônicos, isso pode ser potencializado, tanto em quantidade de pessoas ouvidas, quanto em periodicidade.
>
> Ouvir o cliente virtualmente."
>
> Levy Nogueira, presidente do Grupo DMA.

Imagine que você perceba um grupo significativo de idosos viúvos regularmente em sua loja.

De posse desta informação você pode, por exemplo:

a)   Repensar seu sortimento: ampliar o número de embalagens individuais, mo noporções, produtos voltados para saúde, entre outros;

b)   Melhorar a sinalização: cartazes e etiquetas com letras maiores;

c)   Disponibilizar serviços diferenciados: carrinhos com assento para uso dos mesmos durante a compra, piso antiderrapante, entre outros.

Outro exemplo, você detecta com sua observação uma grande presença de homens em sua loja. Na prática, esta é uma realidade em diversos mercados: mais de 1/3 dos clientes de diferentes supermercados é de homens.

Como você está trabalhando para aproveitar este público?

Lembre-se: homens possuem hábitos e comportamento muito particulares.

São mais racionais, precisos e objetivos. Não querem perder tempo, querem entrar e sair rapidamente e buscam uma melhor relação preço-qualidade. Assim, praticidade, conveniência e preço competitivo são palavras de ordem para conquistá-los.

As opções podem estar na oferta de soluções, como, por exemplo, o "Mundo do churrasco" – em um só lugar ele pode encontrar tudo o que procura ou, ainda, uma sinalização clara e efetiva, corredores e gôndolas organizadas, etc. Uma vez conquistado, tendo uma boa experiência de compra, ampliará o gasto em seu negócio e, sem dúvida, retornará sempre que necessário. E, no geral, possui um tíquete entre 15% e 25% superior ao da mulher, já que compram produtos de maior valor agregado. Os setores mais procurados por eles são os de bebidas alcoólicas, salgadinhos, carnes, higiene e perfumaria e alimentos gourmet (molhos, temperos, queijos, azeites, etc.).

Uma prática comum é a reunião de grupos de clientes – tecnicamente conhecida como grupos de discussão –, para ouvir suas expectativas, discutir a satisfação e/ou temas relevantes para o negócio.

REVENDO A SINALIZAÇÃO
Varejista de Belém (PA)

Reunindo grupos de clientes, um varejista do Norte do País detectou que os clientes reclamavam muito da desorganização da loja, mas que, em grande parte, era por conta da sinalização inadequada.

O QUE FEZ? Melhorou a sinalização tornando-a mais clara e simples e orientada ao cliente.

RESULTADO: Melhoria na nota de satisfação em 3 pp.

Meu cliente não voltou, e agora?

Parece coisa de varejo grande? Ledo engano. Conhecer o cliente e desenvolver ações para conquistá-lo está para todos e, em especial, para pequenos e médios que têm o contato direto com o cliente e, em muitos casos, maior agilidade na tomada de decisão.

Seja o tamanho que for, para se obter sucesso com o projeto, o primeiro passo é desenvolver uma estratégia para identificar com clareza e precisão os clientes e quais as interações serão desenvolvidas para quem e como.

É preciso cuidar de cada detalhe, sem esquecer, em especial, de engajar a equipe.

No pequeno varejo, por exemplo, com uma relação muito próxima do cliente, a equipe por vezes recebe de maneira informal informações impor- tantes sobre e dos próprios clientes.

É imprescindível estabelecer um fluxo e processo formais de contato, o que pode ser um dos grandes desafios a serem suplantados.

"OBSERVANDO E ACIONANDO"
Perfumaria de Santo André (SP)

QUEM? Perfumaria em Santo André (SP) – 320 m² de área de vendas.

O QUE? Através da observação contínua de seu fluxo de cliente, detectou uma maior presença de homens em sua loja (hoje em mais de 20% do público). E percebia também uma certa frustração e incômodo em circular pela loja.

COMO? Com base nas observações e bate-papo com o cliente na frente de caixa, decidiu criar um espaço especial para homens dentro da loja. Disponibilizou uma gôndola especial próxima à porta e à área do caixa. Dessa maneira, o cliente passou a enxergar a área já de fora da loja e não ficava mais constrangido em entrar e ter que circular pela loja.

RESULTADO? Facilitou o processo de compra – o cliente podia rapidamente entrar, esco lher o produto, pagar e sair.
Incremento de 12% no fluxo de homens.
Incremento de 25% no tíquete médio de homens.
"Encontrar tudo no mesmo lugar facilitou a compra", diz cliente da classe C.

Conhecer para direcionar as ações

Terceira 5ª-feira – outubro 2008

Angela estava cheia de si. Afinal, havia aprovado o seu projeto que traria uma grande mudança para a empresa.

O desafio agora era encontrar o parceiro ideal capaz de ajudar no desenvolvimento de toda a estratégia de gestão do cliente e engajar toda a equipe neste projeto. Muitas opções do mercado. O que fazer? Avaliar a que tivesse uma proposta adequada à realidade da Rede Supermercado Volte Sempre considerando estratégia, tecnologia/ferramentas, processos, equipe, capacidade analítica, conhecimento de varejo, processos, atendimento, claro valor, entre outros.

Optou-se por uma consultoria moderna, inovadora, líder em estratégia de negócio centrada no cliente.

"Já na primeira reunião, na qual a consultoria apresentou toda a estratégia e processo de como deveríamos proceder, vimos que o projeto exigiria uma grande mudança cultural", comentou Angela.

Seria muito mais que um simples projeto. Seria uma nova plataforma de negócio. Todas as áreas, portanto, precisariam estar engajadas, pois sairíamos de uma visão operação/produto, para uma visão estratégica do cliente.

Nesta reunião, foi definido um grupo de trabalho multidisciplinar (o GTC) responsável por interagir com a consultoria, engajar equipe, disseminar todo o conhecimento, desenvolver o plano de ação, com responsáveis, prazos, atividades, criar e acompanhar cada processo, definir metas e métricas, apresentar o *status* na reunião de diretoria, detectar e corrigir falhas, entre outros.

O primeiro passo foi a realização de profundo diagnóstico com diretores, gestores de diferentes áreas, com a equipe de loja e de TI, etc.

O objetivo era mapear a visão e avaliação de todos em relação ao tema, levantar o tipo de relação que a empresa poderia e/ou gostaria de ter com o cliente, as várias formas de comunicar-se com ele e todas as oportunidades e desafios em termos de recursos, ferramentas, capacidade de armazenamento atual, informações disponíveis, entre outros.

"Do diagnóstico, surgiram todas as recomendações, as linhas e procedimentos a serem adotados e pudemos construir um plano de ação consistente, com o envolvimento de todos para iniciar o novo modelo de negócio", reforçou Angela.

O que ficou acordado foi obter informações dos clientes e construir uma base adequada, consistente, gerenciável.

Paralelo ao diagnóstico, foram feitos também vários *workshops* reunindo todos os colaboradores e diretores (administrativo e lojas) para conscientizá-los e engajá-los no novo modelo de negócio Gestão de Cliente, apresentando os desafios e as oportunidades, mas também o papel de cada um neste projeto.

"Foram três meses de trabalho neste período de diagnóstico com mapeamento das oportunidades e desafios e apresentação das recomendações e plano de ação e *workshops* com equipe", comentou Angela, que a pedido da presidência estava liderando o novo modelo de negócio.

Para garantir que todos os colaboradores tivessem clareza sobre o novo modelo, a importância desta mudança, os impactos e repercussões, a diretoria fez questão de enviar um comunicado a todos os colaboradores, esclarecendo o novo modelo de negócio e convocando-os a engajar-se no programa.

A primeira ação do GTC foi avaliar a capacidade tecnológica para absorver e armazenar dados. Neste contexto foi necessário adquirir um sistema apropriado, adequado aos objetivos traçados e, sobretudo, alinhado à estratégia. "Neste aspecto, quero ressaltar a importância de conhecer a fundo a capacidade de integração que o software permite, considerando as diferentes áreas da empre- sa. Como o elemento-chave neste processo é a integração de informações para transformar em ações direcionadas, o suporte informático tem que estar apto para capturar, armazenar, consultar, analisar, gerenciar e disseminar informações," disse Mario, gerente do TI.

"Neste aspecto, tivemos um grande envolvimento do TI, e também dos líderes de áreas para juntos construírem e desenharem não apenas o conteúdo necessário (dados disponíveis e modelos de relatórios e análises), mas também os processos para inclusão, exclusão, atualização e atendimento ao cliente", reforçou Angela.

Foi um trabalho a muitas mãos

Por falta de recursos próprios (em especial, pessoas qualificadas em termos estatísticos, analíticos), o Supermercado Volte Sempre optou por estabelecer uma parceria com a consultoria contratada incluindo não apenas a estratégia do novo modelo de se fazer negócio com a visão do cliente, mas também a construção da base de cliente, o tratamento da mesma e a manutenção contínua para uso adequado.

"Paralelamente às questões tecnológicas, foi necessário criar novos processos, de como fazer, o que fazer e quem, em todas as áreas, considerando desde o novo modelo de recrutamento e seleção, os programas de treinamento, definição do sortimento, serviços, operações das lojas, comunicação e sinalização, bem como as interações com os clientes", relatou Angela.

Foi necessário, criar *workshops* contínuos para formar, orientar e capacitar os colaboradores, tanto para o novo processo, quanto para o uso da ferramenta, o uso de informações de clientes para tomada de decisão, análise de dados, e para todas as etapas do processo de relacionamento com o cliente, envolvendo, inclusive, aspectos comportamentais.

"Com o plano estratégico estruturado, com os processos bem delineados, de posse do sistema adequado, com o time envolvido, partimos para a fase 1 de geração de dados", explicou Mario.

Para conhecer o cliente, a empresa realizou uma campanha especial com o lançamento de seu programa de fidelidade próprio. "Optamos pela criação de nossa própria base de cliente para termos maior autonomia na gestão de nossos clientes. Desde inclusão de informações relevantes para nós, segmentação da base, até aprofundamento analítico, entre outros," disse Moacir.

"Para estimular os clientes a aderirem ao programa, proporcionamos benefícios adequados aos desejos dos clientes," comentou Angela.

Acrescentando: "que antes de iniciarmos a campanha, realizamos uma sondagem com nossos clientes para identificar que tipo de promoção agradava mais, que prêmio era objeto de desejo, entre outros. Assim, fizemos a campanha já com o que era efetivamente relevante para nossos clientes".

O sucesso foi tamanho que, em menos de três meses, atingiram a marca de 300 mil clientes no programa.

"Uma vez criada a nossa base de clientes, com o total apoio do TI e com a gestão da consultoria especializada, iniciamos o processo de integração das informações recolhidas nos vários pontos de contato com os clientes [lojas, telefones, e-mail, etc.]", contou Angela.

O que foi coletado neste primeiro momento:
1. Dados cadastrais: nome, endereço, telefone, e-mail, CPF
2. Número do cupom da compra realizada quando da adesão ao programa – permitiria já de início obter algumas informações como itens comprados, quantidades, preços pagos, valor gasto.
3. Dados demográficos básicos: sexo, idade, número de membros da família, quantidade de filhos.

Como funciona nosso programa: volte sempre e ganhe mais!
A cada compra, o cliente deve identificar-se com o cartão para acumular pontos que podem ser trocados por produtos, e, ainda, recebem descontos nos produtos imediatamente ao passarem pelo caixa. Esta última alternativa foi uma forma de garantirmos a identificação do mesmo. Hoje, mais de 70% da nossa base é identificada.

Com a evolução dos serviços, do programa, e com novas ações para conversão e retenção, desde que a primeira edição deste livro foi lançada, o Supermercado Volte Sempre conseguiu evoluir e superar a meta de 80% de base identificada.

Atenção aos pontos imprescindíveis para iniciar este processo
Avaliar todas as possibilidades e restrições tecnológicas/ferramentas.

Avaliar as funcionalidades do sistema para inclusão, seleção, manutenção e uso das informações.

Atenção redobrada ao desenvolvimento de processos – os

problemas são causados por "furos" ou redundâncias processuais, regras contraditórias, entre outros.

Atenção à qualidade de dados para não permitir duplicidade de informações, registros indevidos, incompletos, falta de campos, etc.

Avaliar os processos de integração das informações – atenção às fragilidades Identificar e sanar questões políticas.

Comunicação interna – toda a empresa deve estar ciente da implantação.

Os benefícios do programa são atingidos por meio da melhoria de processos e de sistemas.

A proposta deve ser desenvolver dados inteligentes e melhorar os resultados por meio do aprimoramento das habilidades da empresa em relacionar-se com seus clientes e em satisfazer as suas necessidades.

"Bem, tendo a fase 1 sido bem implementada, era necessário avançar neste processo e começar a extrair as primeiras informações e análises sobre os nossos clientes, sobretudo, segmentar a nossa base para identificar os clientes de maior valor e sermos capazes de desenhar ações para melhorar nosso relacionamento com ele, evitando que eles nos abandone e, dentro das possibilidades, que aumente o gasto conosco.

Confira no próximo capítulo a segmentação de cliente do Supermercado Volte Sempre e as ações direcionadas que passaram a executar.

O ano é 2023

Hoje, o Supermercado Volte Sempre tem o cliente no centro como parte de seu DNA e o uso de dados do cliente para tomada de decisão é premissa básica para qualquer ação. Ele faz uso de Inteligência Artificial (IA) para fazer sugestões personalizadas de produtos, serviços, planejamento de estoque, previsão de demanda, para melhorar o relacionamento com seus clientes, etc.

Meu cliente não voltou, e agora?

Guia

Olá, para você que quer experimentar uma visitação orientada "como shopper" em sua loja e até na concorrência e ser capaz de extrair de sua observação aspectos relevantes e acionáveis para orientar possíveis ações, segue uma suges tão de roteiro abaixo:

Roteiro de visitação

Sugestão de lista de compra:

1. Vela
2. Pregador
3. Orégano
4. Azeite extra virgem 500 ml vidro
5. Arroz parboilizado 2 kg

Sugerimos umas duas visitas para avaliar diferenças entre lojas.

O objetivo da visita é que você observe os aspectos listados abaixo, que são atributos de extrema importância na satisfação e engajamento do cliente e dê uma nota de 1 a 10 de acordo com sua satisfação, sendo 1 = péssimo e 10 excelente.

Seja bem crítico. Para as notas inferiores a 7, de preferência, especifique as pos síveis razões. Isto te dará, sem dúvida, argumentos para implementar ações bem direcionadas.

Itens a serem avaliados na sua jornada de compra	1ª. visita	2ª. visita
Organização / Higiene de loja		
Placa de identificação (setores/seções)		
Sinalização de preço		
Boa exposição dos produtos		
Disposição das gôndolas		
Disposição dos produtos		
Variedade e Qualidade de produtos e marcas		
Política de preço		
Promoções e ofertas em geral		
Atendimento		
Facilidade em encontrar os produtos da lista		
Atendimento pela operadora de caixa		
Tempo de espera na fila do caixa		

Você conhece seu cliente?

Responda este QUIZZ, dando uma nota de 0 a 2 para o seu grau de concordância às frases abaixo, indicando o seu momento de conhecimento e gestão de cliente.

Sendo:

Nota 0 = não se aplica Nota 1 = aplica-se parcial
Nota 2 = aplica-se totalmente

Frases a se ponderar	Nota
Possuo um cadastro com dados de meus clientes (endereço, telefone, e-mail)	
Sei exatamente de onde (bairros/regiões) vêem meus clientes	
Temos ações de comunicação (mala direta, e-mail marketing, outros) "customizadas" de acordo com o perfil de nossos clientes.......	
Já fizemos alguns estudos e pesquisas com clientes para entender perfil, hábitos, comportamento, mas é esporádico	
Temos uma ferramenta que nos permite acompanhar continuadamente dados de nossos clientes	
Temos capacidade técnica e analítica para capturar, armazenar e analisar informações de nossos clientes	
Quando necessário, buscamos apoio externo para estudar nossos clientes	
Temos uma base de clientes com dados cadastrais + demográficos + comportamento	
Segmentamos nossos clientes por valor gasto	
Temos várias segmentações em nossa base de cliente	
Nossos clientes orientam as nossas ações	
Todas as nossas ações são monitoradas para avaliação da efetividade dos resultados	
Tenho um programa eficaz de fidelidade	
Tenho uma base de cliente consistente, robusta, atualizada, segmentada gerenciável	

Meu cliente não voltou, e agora? **83**

Resultados:

Até 10 pontos – Desculpe! Se você pensa que conhece seus clientes, engano seu! Conhecer o cliente requer um processo contínuo de busca de informações, análises, interações com ele, de modo a criar um vínculo emocional e estabelecer um relacionamento de longo prazo. Corra, ou poderá ser engolido!. Para quem quer iniciar este processo, reflita e liste as seguintes questões:

- O que sei de fato sobre meu cliente?
- O que preciso saber sobre nossos clientes que me permita ações mais direcionadas e efetivas?
- Que informações coletar?
- O que queremos fazer com estas informações? Que decisões poderão ser tomadas?
- Como e onde podemos coletá-las?
- Que ferramenta poderá nos ajudar? Temos disponibilidade técnica? E analítica?
- Como se dará o processo de coleta, processamento das informações, o processo de diagnóstico e garimpo (análise do que é relevante), as análises acionáveis e as recomendações?
- Quem fará o que? Como? Quando?
- Como será o processo de armazenamento e atualização dos dados?
- Como ocorrerá a disseminação das análises com ênfase em apoiar a tomada de decisão?

De 10 a 25 pontos – Você está no caminho certo! Reavalie todo o processo/ modelo de negócio. Crie uma matriz de oportunidade. Aponte críticos/de melhoria. Crie um plano de ação envolvendo toda a equipe. Lembre-se: diretoria, marketing, comercial, operações, logística, todos devem estar conectados e engajados neste processo. Planeje, integrando marketing, operações, *trade*. Busque execução sem falhas.

Acima de 25 pontos – Um em um milhão! Aposte nesta diferenciação como vantagem competitiva.

Capítulo

4

Diferentes shoppers,
diferentes necessidades:

A arte de segmentar

Que o varejo é o ambiente mais democrático que existe ninguém duvida. Mas atender a todos, da mesma maneira, oferecer a melhor experiência de compra, e, ainda, aumentar/potencializar a capacidade de gerar vendas e lucro é impossível.

Até porque cada cliente tem suas particularidades e o que é bom para um não necessariamente o é para outro. Portanto, o grande desafio é tratar clientes diferentes, de maneiras diferentes, já que cada qual reage de maneira distinta às interações. Diante desta complexidade de sermos seres únicos com necessidades específicas, torna-se imprescindível segmentar a nossa base de clientes para entender qual a fatia mais valiosa e direcionar os esforços e as ações para retê-lo.

Segundo Cobra (1992, p. 278), o grande desafio da segmentação de mercado é identificar compradores com comportamentos de compra homogêneos. A divisão de um mercado total em grupos relativamente homogêneos é chamada de segmentação de mercado.

"Gostamos de dizer que nosso público-alvo é definido pelo perfil de comportamento, e não pelo perfil sociodemográfico. Na realidade, para nós, a análise sociodemográfica é apenas uma forma de analisarmos esse perfil cultural e psicológico do nosso cliente (ou seja, quem ele é realmente).Nosso cliente é esclarecido e exigente, 64% deles têm nível de escolaridade superior e mais de 75% deles estão inseridos nas classes A e B (sendo 36% de classe A). Para ele, qualidade de produtos e de loja é mais do que um desejo: é uma necessidade.

O nosso cliente busca praticidade e agilidade. O fato que atesta isso é de que, para eles, os dois aspectos mais desejados na escolha de um supermercado são, em ordem de importância: localização e agilidade no atendimento. Eles se preocupam mais com esses fatores do que, até mesmo, com preço, que aparece apenas na quarta posição.

Percebemos também que esses clientes encaram o supermercado como uma espécie de dispensa da sua casa; isso porque mais de 70% vão ao supermercado ao menos uma vez por semana."

João Severino Neto
presidente do Super Mercadinhos São Luiz

Para Boone e Kurtz (1998, p. 221), quatro critérios importantes são usados na segmentação efetiva do mercado: a) poder de compra e tamanho; b) capacidade de promover e servir o segmento do mercado; c) potencialidade de gerar lucros; d) número de segmentos versus capacidade de marketing da empresa.

Existem várias maneiras de segmentar um mercado, portanto, é importante na hora de definir o segmento que será trabalhado pela empresa, avaliar as mais diversas variáveis, inclusive cruzando umas com as outras. Os principais grupos de variáveis usados para segmentação de um mercado são:

Demográfica

Na segmentação demográfica divide-se as pessoas de acordo com a classe social, faixa etária, gênero (masculino e feminino), ciclo de vida (pessoas morando sozinhas, casais sem filhos, casais com filhos pequenos), religião, nível de instrução, entre outros.

Geográfica

A segmentação geográfica divide o mercado de acordo com as características regionais, áreas de atuação, cidades, estados ou países.

Psicográfica

Na segmentação psicográfica, os consumidores são divididos em diferentes grupos com base em seu estilo de vida – como as pessoas vivem e/ou se relacionam – como exemplo, se pratica ou não esportes, os hobbies que possuem e/ou os eventos que frequentam –, sua personalidade e seus valores.

Comportamentais

Nesta segmentação, os consumidores são divididos em grupos com base em seu comportamento de compra – considera-se tíquete e frequência de compra, tempo gasto, itens/quantidade comprada, etc.

Cada grupo possui anseios, aspirações, decisões e reações específicas em relação a produtos, marcas e canais e, portanto, exige estratégias e ações específicas para reter, expandir, desenvolver.

SEGMENTAR PARA DIRECIONAR
COOP, Santo André (SP)

Em sequência ao nosso novo modelo de negócio: Gestão de Cooperados, contando com o apoio da consultoria contratada, fomos aprofundando nossas análises e melhorando e modernizando a base.

Um passo importante para desenvolvermos ações mais efetivas foi segmentar nossa base de clientes e uma bem-sucedida campanha de recadastramento que realizamos em 2007 para melhorar a qualidade dos dados. Hoje, na nossa base temos duas segmentações de clientes, a saber:

• Segmentação da base por valor real (faturamento e rentabilidade), com nove segmentos distribuídos em quatro carteiras de clientes, além de clientes inativos e potenciais.

• Segmentação da base por comportamento de compra, com sete perfis diferentes de clientes, considerando recência[1], frequência, tíquete médio, categoria de produtos e outros hábitos de consumo.

Essas segmentações permitiram personalizar as ações, campanhas e direcionar diversas decisões.

Mais recentemente, iniciamos um processo de sofisticação na base. Passamos a incluir temas relacionados a qual forma e por qual canal o cooperado entra em contato com a Coop, participação em eventos e programas, entre outros. O objetivo é identificar o nível de relacionamento e "fidelidade" com a marca e explorar ao máximo todo esse potencial.

A primeira grande ação

A nossa primeira campanha direcionada – e caso de maior sucesso – foi o fornecimento de um bolo de aniversário para os clientes da carteira A.

---

1 Recência é o período em dias entre uma compra e outra, sem repetir a frequência. E, juntamente com a frequência e valor gasto, são indicadores utilizados para definir e agrupar consumidores.

Foi algo muito óbvio, para quem queria começar direcionar ações, afinal, já tínhamos o cliente cadastrado em nossa base com sua data de nascimento, então, nada mais simples do que enviar uma "carta" – sempre damos esta conotação de carta parabenizando-o pela data e convidando-o a ir até a loja para retirar seu bolo especial de aniversário.

A ação visava demonstrar nosso interesse em estabelecer uma relação muito próxima com ele e obviamente trazer resultados positivos para a cooperativa. Uma ação aparentemente simples e com resultados significativos. Digo uma ação aparentemente simples, pois exigiu inúmeras mudanças operacionais, já que aumentou em nossas padarias o volume do bolo.

Daí a importância de cuidar de cada detalhe e envolver a todos da empresa nas ações de interação com o cliente.

COMO FUNCIONOU

Com a cartinha em mãos, o cliente vai até a loja, encomenda o bolo e agenda data para retirá-lo.

O RESULTADO OBTIDO

Financeiro: alavancou significativamente o tíquete

Qualitativo: maior aproximação do cliente com a cooperativa e um grande reconhecimento para conosco.

Nas pesquisas que realizamos, o cooperado sempre menciona a campanha como o grande diferencial da Coop em termos de relacionamento. Recebemos muitas cartas e e-mails de clientes agradecendo a lembrança. Algumas muito emocionantes, com menção de que nem mesmo a família lembrou e nós, ao contrário, estávamos lá.

Na última pesquisa de satisfação que realizamos em setembro de 2013, o item "ações de relacionamento/fidelização" apresenta nota 8,3 na satisfação. Está entre os 5 mais importantes.

Qualquer que seja a ação, precisa ser mensurada para avaliar efetividade Para termos eficiência com as ações e garantir que a interação seja efetiva, é necessário uma base atualizada, tratada.

Não pode haver inconsistência, pois se fazemos uma ação, a exemplo da mala direta de aniversário, e não atingimos o cliente, deixa de ser investimento e passa a ser gasto.

Sobre envio de mala direta, quero ressaltar que, no geral, o mercado não usa, não gosta e acha caro. Para a Coop, no entanto, pelo seu perfil de loja e cliente, é muito eficaz.

Tiramos o caráter de propaganda, de marketing direto. Exploramos o conceito de estratégia de relacionamento, e usamos o termo "carta".

Os clientes reconhecem e falam, "olha, recebi uma cartinha da Coop".

Para atingir os objetivos desejados, criamos uma estratégia e processos bem delineados sobre o que falar, com quem, em que momento e de que forma, com o objetivo de inspirar o cliente a querer vir à Coop realizar suas compras. Para que funcionasse de forma efetiva esse novo modelo de negócio orientado ao cliente, contamos com o total envolvimento da presidência, que assumiu o papel de líder do projeto e buscou desenvolver ações para engajar a todos para este movimento.

A segmentação da base e o profundo conhecimento do cliente permitiram desenvolver inúmeras ações com resultados significativos.

Resultados obtidos

- Execução de 69 campanhas em 2009, orientadas pelo conhecimento da base de clientes, com 1,77 milhão de interações e faturamento incremental de R$ 21,5 milhões (1,6% do total).
- Execução de 149 campanhas em 2010, segmentadas por valor e comportamento, com 2,34 milhões de interações e faturamento incremental de R$ 38,0 milhões (2,5% do total).
- Execução de 217 campanhas em 2011, segmentadas por valor e comportamento, com 2,74 milhões de interações e faturamento incremental de R$ 37,4 milhões (2,3% do total).

> Não paramos nunca. Realizamos estudos contínuos para melhorar a interação, a abordagem.
>
> Hoje contamos com inúmeras ações, considerando cada ponto de contato com o cliente: atendimento pessoal na loja, através de nossas "consultoras de clientes", atendimento no *check--out*, Sac, e-mails, mala direta, entre outros.
>
> Por Claudia Montini, ex coordenadora de
> Marketing da Coop, hoje gestora do Grupo Pereira

O conselheiro e ex-diretor geral do Tenda Atacado, Fernando Bara, reforça a necessidade de segmentar para desenvolver ações direcionadas e efetivas e a importância de monitorar, mensurar as ações e o retorno das mesmas.

"Um ponto importante é identificar qual a alternativa mais adequada para chegar ao cliente de acordo com suas características, necessidades e comportamento. Qual o canal mais eficiente, que comunicação realizar e como abordá-lo são decisões que devem ser bem planejadas e executadas. Sem esquecer de ferramentas para monitorar as ações e medir o resultado", diz Fernando Bara.

Cita um exemplo interessante do uso de SMS para capturar clientes dos concorrentes através da oferta de descontos. Embora as tendências do consumidor apresentassem um consumidor altamente conectado, o público, em particular, com um perfil bem diferenciado, não respondeu bem a este mecanismo de interação.

"O nível de retorno foi extremamente baixo. Em resumo, a ferramenta para acessá-lo não foi efetiva", destaca Bara. *"Como o mercado é muito dinâmico, devemos fazer ações bem planejadas, dirigidas e contínuas de relacionamento, mas ser capazes de mensurar respostas, sem mensurar não é eficaz – gera custo, melhor não fazer"*, diz.

Meu cliente não voltou, e agora?

Tipo de Compra

Com o uso da Inteligência Artifical (IA), Big Data etc., novas formas de segmentação surgiram.

Uma possibilidade mais recente de segmentar é por Missão de Compra, que considera o porquê da ida ao ponto de venda e tem como base o tamanho da cesta, número de categorias compradas, valor do tíquete, entre outros, dependendo da metodologia e do instituto de pesquisa.

No caso do autosserviço as missões de compra mais comuns são:
* Consumo imediato ou urgência;
* Necessidade específica ou ocasiões especiais;
* Reposição;
* Abastecimento ou despensa

Conhecer a missão de compra do shopper que predomina em um ponto de venda é uma das mais importantes segmentações da atualidade, pois auxilia o varejista na melhor ambientação e layout da loja, nas ações de comunicação, no posicionamento de preço e, até mesmo, na negociação com os fabricantes sobre o melhor sortimento em termos de itens, embalagens, *packs*/combos, entre outros.

Mas não paramos por aqui. Podemos segmentar os clientes considerando uma somatória de variáveis e ampliando o leque analítico, desde dados demográficos, somados ao comportamento, hábitos e atitudes.

Vamos praticar?

1. Considerando uma shopper mulher, entre 25 e 30 anos, com bebê em busca de produtos para o cuidado com o filho. O que você poderia desenvolver na loja para gerar uma melhor experiência de compra para ela?[10]

( ) Juntaria todos os produtos em um único corredor
( ) Disponibilizaria promotora para dar informações sobre produto
( ) Criaria o Mundo Bebê
( ) Promoção com desconto de preços, afinal, estes produtos são caros
( ) Teria cursos sobre cuidados com bebê
( ) Disponibilizaria livro com os principais cuidados
( ) Gôndola organizada
( ) Carrinho de bebê
( ) Outros. Especifique

2. E se, adicionalmente, você soubesse que ela é uma shopper que não quer nem pode perder tempo, quer agilidade em encontrar facilmente o que procura. Entrar e sair rapidamente da loja. Quais ações seriam mais efetivas para satisfazê-la?

( ) Disponibilizaria promotora para dar informações sobre produto
( ) Realizaria uma organização da seção com tudo em um só lugar
( ) Criaria o Mundo Bebê
( ) Faria uma superpromoção com grande economia para ela.
( ) Daria brindes e amostras grátis
( ) Sinalização Adequada
( ) Outros. Especifique.

Para desenvolver ações direcionadas e estabelecer um programa contínuo de relacionamento é imprescindível mapear os diferentes pontos de contatos com o cliente – trabalho, trânsito, casa, e planejar as ações mais adequadas para cada um, além de organizar as ações considerando cada uma das etapas de sua jornada de compra. Acompanhe nos próximos capítulos.

---

10   Respostas das atividades 1 e 2.
1.   Todas as alternativas inicialmente seriam positivas
2.   Neste caso, visto ser uma shopper que não quer perder tempo, o mais adequado pela ordem de importância versus custo de implementação seria: Sinalização adequada. Organização da seção com tudo em um só lugar/Criar o Mundo Bebê

Meu cliente não voltou, e agora?   **95**

Não basta conhecer é preciso diferenciar

"Após os nossos esforços iniciais de construção da base e melhoria da qualidade das informações e análises, a segunda fase do projeto e salto de conhecimento era diferenciar os clientes – clientes diferentes, necessidades distintas, exigem tratamentos distintos –, para interagir com eles de maneira mais adequada e personalizada", afirmou Angela.

E acrescentou: "o desafio agora para a consultoria era segmentar a base e identificar os clientes de maior valor para sermos capazes de desenvolver ações mais direcionadas para retê-los. E investigar a possibilidade de potencializar o consumo de outros grupos, de menor valor, para aumentar seus gastos dentro de nossas lojas."

Moacir estava ansioso por resultados, já se passaram três meses desde o início do projeto e acompanhava de perto cada detalhe.

"A contratação da consultoria, para construir conosco toda a estratégia de gestão de cliente, e, sobretudo, nos apoiar e acompanhar cada etapa do processo e a construção dos racionais analíticos, gestão e manutenção da base, nos dava a segurança do caminho a seguir, a garantia da continuidade e uma tremenda capacidade analítica, de planejamento e de execução," comentou Moacir.

Adicionalmente ao tratamento dos clientes atuais, Angela enfrentava outra batalha: identificar a perda contínua de clientes para reverter o quadro e, se possível, recuperá-los. Assim, paralelamente ao trabalho de segmentação da base atual de clientes, executaram um projeto de pesquisa – contratando um instituto para tal, com o objetivo de entender as razões do abandono e possibilidades de ações para inspirar o cliente a retornar à loja.

Momento 1 – O da segmentação da base e interações personalizadas

A consultoria contratada após estudar profundamente a base de clientes adotou inicialmente uma segmentação comportamental, considerando os dados disponíveis de valor gasto em cada compra, frequência de visitas às nossas lojas e itens colocados na cesta de compra em cada ocasião.

Com base neste modelo de segmentação, chegou-se a três grupos distintos de clientes:

Segmento 1 – clientes de maior valor – alta frequência e alto tíquete com uma demanda por grandes quantidades de produtos e serviços e uma cesta de compra mais sofisticada, incluindo uma gama de itens importados.

Respondem por 26% da base dos clientes e por 65% do faturamento. O que justificava ainda mais a necessidade de um tratamento diferenciado e personalizado. Adotou-se para este grupo, reter, como palavra de ordem

Todos possuem clientes de maior valor. É imprescindível estabelecer uma política especial de relacionamento, pois perdê-los pode trazer um grande prejuízo para a empresa. Ao contrário, mantê-los, de acordo com Reichfield e Sasser (1990), pode aumentar em 100% os lucros das empresas se retiverem apenas 5% a mais de seus clientes em um ano. Além disso, um consumidor leal consome cada vez mais ao longo do tempo, sem necessidade de investimentos agressivos em comunicação mercadológica.

Para este grupo, implementou-se um programa amplo e profundo de relacionamento contínuo e inúmeras ações de interação personalizadas.

Segmento 2 – clientes de alto potencial – compra esporádica, baixa frequência.

Tem seu valor, mas compram com grande frequência nos concorrentes, deixando boa parte do orçamento lá.

Equivalem a 30% dos clientes e respondem por 25% do valor

Palavras de ordem: Desenvolver/Explorar

Em relação a este grupo, desenvolveu-se um plano de interação com ações especiais e uma política de relacionamento e atendimento diferenciado, com foco especial em aumentar o valor das transações.

Segmento 3 – clientes ocasionais – baixo tíquete e frequência – sem muitas perspectivas de melhoria.

Não significa que devem ser eliminados, porém, a empresa decidiu não direcionar esforços nem executar ações especiais.

50% dos clientes respondem por apenas 10% do valor

Ações realizadas:

A segmentação da base de clientes, tecnologia, interatividade e customização das ações permitiram ações direcionadas e efetivas e resultados significativos em vendas e lucratividade.

Meu cliente não voltou, e agora? **97**

"A primeira ação, primordial, era desenvolvermos interações contínuas capazes de incentivar e estimular os clientes a se identificar em cada compra. Consideramos ações de comunicação com campanhas de incentivo, os descontos automáticos em cada compra e ações dentro da loja com as operadoras de caixa", argumentou Angela.

E continuou, "neste aspecto, criamos uma política e programas de capacitação e incentivo às operadoras de caixa para estimular os clientes a se identificarem".

Focou-se as ações inicialmente ao segmento 1 – garantir a retenção.

Uma ação simples e com uma repercussão muito positiva, que trouxe inúmeros elogios, foi disponibilizar em cada loja atendentes altamente capacitados e orientados ao cliente com poder de decisão para solucionar qualquer problema e estabelecer um relacionamento mais próximo com ele – "curadores dos clientes".

Ainda relacionado ao segmento 1, em particular, uma ação muito positiva foi a readequação de sortimento.

Identificou-se que o segmento 1 tinha um forte apelo e busca por produtos diferenciados de uma linha mais gourmet, além dos frescos, saudáveis e prontos para consumir. Para começar, foi decidido implementar um processo de gerenciamento por categoria criando a solução "gourmet". A linha gourmet era desejada pelo cliente, agregava margem para o negócio e eram itens altamente relevantes em vendas.

Claro que esta iniciativa é um processo contínuo de médio e longo prazo e requer constante avaliação e ajustes. Todos da empresa devem unir esforços e desenvolver ações integradas para garantir os resultados esperados. E pode-se garantir, os resultados são efetivos.

No caso do Volte Sempre, começou-se a colher resultados após três meses de implantação desta estratégia.

Com todas as ações desenvolvidas, obtiveram resultados positivos também com o segmento 2: um aumento significativo no valor das transações (valor gasto por ida ao PDV). Foram quase três pontos percentuais de clientes que mudaram o seu patamar de gasto dentro da rede e passaram a integrar o segmento 1.

"Sobre este último ponto, um exemplo que gosto de relatar é sobre a nossa campanha Mais é Mais", disse Angela.

"Identificamos pela base de clientes, por exemplo, que 20% posicionados como do segmento 2, embora comprassem massas secas, em nenhuma ocasião incluíam na cesta de compra molho pronto ou alguma categoria substituta", contou.

De posse destas informações, realizou-se uma ação através de mala direta para estes clientes com uma campanha atrativa de combo massa e molho pronto, com um livro de receitas assinado por um *chef* importante da cidade. A taxa de conversão foi de quase 20%, mesmo sem nenhuma oferta de preço.

Momento 2 – Pesquisa com ex-clientes

Esta etapa foi bem trabalhosa, pois a rede Supermercado Volte Sempre não conhecia os clientes perdidos, não sabia onde e como encontrá-los, e nem como abordá-los. Nada.

Um ponto que deve ser considerado é que na média das organizações ocorre uma perda entre 15% e 30% dos consumidores a cada ano, e em grande parte devido aos serviços prestados, sobretudo ao atendimento. Para este projeto em particular, a empresa realizou a pesquisa contratada. A sugestão do instituto para otimizar recursos e agilizar processo foi entrevistar domiciliares com tablets na área de influência primária da loja até 1 km.

Embora o objetivo principal fosse encontrar ex-clientes e identificar as possíveis razões do abandono, como a pesquisa era via *tablet*, permitia flexibilidade na aplicação do formulário.

Assim, quando identificavam que era ex-cliente aplicavam à pesquisa "razões de abandono", quando identificavam clientes atuais, media a satisfação em temas relevantes e quando era cliente potencial identificavam onde compravam e o que os levariam a mudar de loja.

Foram realizadas 600 entrevistas, das quais 250 com ex-clientes.

As principais razões do abandono, pela ordem de importância, foram:

53% abandonaram a loja por terem recebido um atendimento de baixa qualidade – foram mal atendidos e não tiveram sua necessidade atendida.

25% mudaram pela falta de contato e atenção pessoal.

18% por terem encontrado um produto melhor.

18% não achavam certos produtos e marcas.

> *"68% dos clientes fogem das empresas por problemas de postura no atendimento."*
> Fonte: National Retail Merchants Association

Meu cliente não voltou, e agora? **99**

Atendimento de qualidade, equipe que tivesse prazer em atender, disponível, agradável e atenta eram fatores mais desejados pelos consumidores e o que os fariam retornar à loja.

"Quando recebemos o resultado da pesquisa, ficamos chocados. Não podíamos entender e muito menos aceitar esse resultado. Afinal, o cliente era a nossa razão de ser. Ao menos era o que desejávamos e estava bem ali em nosso propósito. Como assim?" diziam indignados os sócios. E acrescentavam: "Seria como prometer uma coisa e entregar outra". Pedro, o diretor de RH foi acionado. "Você viu os resultados da pesquisa? Concorda com eles?" perguntou Moacir.

"Olha, de fato, é totalmente possível sim, que algo desta natureza ocorra. Acredito que deveríamos rever e estipular um processo mais rígido de seleção e contratação, programas de treinamento específicos, entre outros", sugeriu Pedro.

Neste momento, Pedro argumentou sobre a necessidade de aprofundar o entendimento sobre os processos internos em relação aos colaboradores. "Minha sugestão é que revisemos nossa política e conceito de serviços, padrão de atendimento que desejamos com esta nova fase, nosso sistema de comunicação interna, as ações para engajamento da equipe, políticas de recrutamento, seleção e treinamento, entre outros", exemplificou.

Angela juntamente com Pedro aplicou uma pesquisa interna e identificou perfis inadequados para determinadas funções, desconhecimento do papel na empresa e relação com o cliente, desconhecimento de processos, atendimento incorreto (pessoal e telefônico), despreparo no trato com cliente, informações equivocadas, entre outros.

Ações para recuperar clientes perdidos

"Após identificar com alguns de nossos ex-clientes as razões que os levaram a nos abandonar e quais ações seriam necessárias para os motivarem a retornar, compramos um *mailing* com dados cadastrais, tratamos este cadastro para eliminar domicílios que estavam em nossa base atual e estabelecemos um plano de comunicação convidando-os a vir até a nossa loja e obter uma experiência diferenciada conosco. Claro que oferecemos um benefício em termos de promoção. Na comunicação, disponibilizamos um cupom de desconto ofertando a R$ 0,01 um refrigerante para quem comprasse uma pizza pronta", comentou André.

A campanha atingiu 20 mil famílias com uma taxa de conversão de 10%.

Como funcionou a mecânica da campanha

Ao chegar à loja e se identificar com o cupom de oferta o cliente era abordado por uma atendente qualificada. "Criamos a figura da curadora de cliente que era responsável por resolver qualquer questão do cliente", destacou João, da área de operações. A curadora o surpreendia, então, com uma ação personalizada – um brinde personalizado, e, claro, convidava-o a se cadastrar no programa de fidelidade.

A adesão ao programa foi de quase 80% do público que foi às lojas no período da campanha.

Nem tudo foi um mar de rosas para o Supermercado Volte Sempre. Alguns problemas ocorreram no processo. Começando pelo *mailing* com duplicidade de cadastro, alguns clientes atuais permanecendo erroneamente na base, são alguns exemplos. "Graças a Deus, neste caso, pouquíssimos foram acionados com a campanha," comentou Moacir. Foram também alguns problemas operacionais. "Em duas lojas faltou a pizza. Ainda bem que rapidamente a curadora substituiu a pizza, colocando outra no lugar. Ufa!", finalizou Moacir.

Esses foram os primeiros passos dados pela diretoria e equipe do Volte Sempre. Mas tinha muita coisa por vir.

Acompanhe nos capítulos seguintes os próximos passos, ações e os resultados alcançados.

O ano é 2023

Hoje, a segmentação de clientes é uma constante no Volte Sempre, que acompanha cada movimentação para ações preventivas e preditivas, antecipando-se à concorrência e surpreendendo seus clientes.

Por exemplo, com o acompanhamento contínuo identificou o envelhecimento de seu shopper-alvo. A partir daí e com o uso intenso de dados, lançou duas ações com grande sucesso. A primeira foi o cantinho sênior para este público mais idoso, unindo, a partir dos pilares do Gerenciamento por categorias, suplementos, itens de higiene e cuidados pessoais específicos. O crescimento foi de 42% no tíquete médio.

A segunda ação foi para atrair público jovem com *influencers* e gamificação. Em três meses de ações obteve um incremento de 6% na base de clientes.

Meu cliente não voltou, e agora? **101**

Capítulo

5

A jornada de compra do **Shopper e Consumidor**

Ações práticas para inspirá-lo a escolher sua loja, comprar mais e voltar

Já vimos o quão é importante conhecer o cliente e suas possíveis segmentações. Mas para desenvolver ações mais efetivas para inspirá-lo a nos desejar (produto ou canal), a frequentar nossa loja (física ou virtual) e a querer voltar sempre que necessário, é imprescindível ir além e entender todo o seu processo de compra baseado em uma visão integrada do shopper e consumidor, que como já vimos podem ou não serem as mesmas pessoas. Com a Pandemia houve o "boom" das novas formas de se fazer varejo (*on-line*), e as demandas atuais passaram a exigir um olhar integrado da jornada nos ambiente *on & off* e que com a ampla disponibilidade de informações sobre consumidores e shoppers e comportamento de compra, trouxe uma perspectiva mais integrada e holística, de modo a influenciar o processo decisório e o comportamento de compra em qualquer ponto de contato (seja ele físico ou virtual), entendendo que o consumo e a compra estão conectados.

Vale lembrar que a jornada do cliente é o caminho percorrido pelo consumidor desde o momento em que este cliente identifica a necessidade de adquirir algo até a efetivação da compra deste produto ou serviço e, cada vez mais, acrescentando a Conexão com o uso/consumo, o pós-compra.

Jornada integrada compra e consumo

Pré-compra / Compra / Pós-compra

Neste contexto, é preciso entender a fundo cada etapa desta jornada de compra e consumo, que segundo o Prof e Dr. Brian Harris[11], passa a exigir uma visão 360º e integrada de compra e consumo. Adicionalmente, entender todos os porquês por trás de suas decisões.

Os modelos tradicionais de comportamento de compra/processo decisório, a exemplo de Blackwell, Miniard e Engel (2005), baseiam-se em estágios que começam com o reconhecimento da necessidade, segue para a busca de informações, avaliação de alternativas, pré-compra, efetivação da compra em si, consumo, avaliação pós-consumo e descarte.

De acordo com Mowen e Minor (2003, p. 3 apud PRADO – 2008), o com portamento do consumidor pode ser entendido como "o estudo das unidades compradoras (o próprio consumidor) e dos processos de troca envolvidos na aquisição, no consumo e na disposição de mercadorias, serviços, experiências e ideias".

---

[11] Brian Harris é o criador do Gerenciamento por Categorias

Sheth, Mittal e Newman (2001, p. 29) definem o comportamento do cliente como "as atividades físicas e mentais realizadas por clientes de bens de consumo e industriais que resultam em decisões e ações, como comprar e utilizar produtos e serviços, bem como pagar por eles".

Reconhecimento da necessidade

Por este modelo, o processo decisório se inicia quando uma pessoa reconhece um problema a ser resolvido ou uma necessidade a ser satisfeita (PRADO apud SHETH; MITTAL; NEWMAN, 2001).

Nesse primeiro estágio do processo de decisão do consumidor, segundo estes autores, fatores como família, valores, saúde, idade, renda, estágio de vida e grupos de referência podem interferir nos hábitos e na forma como os indivíduos observam os problemas e as necessidades.

"O indivíduo pode ser influenciado por vários fatores como: cultura, personalidade, fase da vida, renda, atitude, motivações, conhecimento, etnia, família, valores, recursos disponíveis, opiniões de terceiros, experiências anteriores, marca, propaganda, promoção, preço, serviço, conveniência, atributos do produto, boca a boca, *displays*, qualidade, ambiente da loja e programas de fidelidade." (BLACKWELL; MINIARD; ENGEL, 2005).

Busca de informações

O segundo estágio do processo de decisão é a busca de informação.

Trata-se do processo através do qual o consumidor procura dados adequados que possa auxiliá-lo na tomada de decisão. Essa busca pode ser interna e/ou externa, conforme afirma Solomon (2002). A interna ocorre quando a pessoa recupera o conhecimento, na memória, de produtos e marcas que conhece.

Na busca externa, a fonte de informação provém de membros da família, dos amigos, dos conhecidos com experiência anterior e/ ou maior conhecimento na categoria de produto. Essas fontes são mais valorizadas e confiáveis do que as fontes do mercado que são parciais. As propagandas, os vendedores, os *displays* em lojas e os *websites* das empresas são fontes externas de menor credibilidade, visto que a empresa estará sempre comunicando algo positivo sobre os seus produtos. (PRADO apud SHETH; MITTAL; NEWMAN, 2001).

De acordo com Prado (2008), nem todos os consumidores que reconhecerem suas necessidades darão continuidade ao processo de decisão, em razão, por exemplo, de não possuírem condições monetárias.

Avaliação de alternativas pré-compra:
De posse das informações necessárias para avaliar dentre as alternativas qual será a mais conveniente, ele compara todas as opções usando as avaliações novas e as já existentes armazenadas na memória para selecionar o produto que considera mais relevante e que lhe trará maior satisfação na experiência de compra, consumo e uso. (PRADO apud MOWEN; MINOR, 2003).

Para Solomon (2002), há um grande esforço dos consumidores nesse estágio de avaliação já que há abundância de opções oferecidas no mercado. Normalmente, os consumidores monitoram os seguintes atributos do produto na avaliação das alternativas pré-compra: quantidade, tamanho, qualidade, preço e marca. (BLACKWELL; MINIARD; ENGEL, 2005).

O importante para uma empresa é que a sua marca – quer seja de produto, serviço ou varejo - faça parte do conjunto de opções de compra do indivíduo nesse momento.

Compra
Depois de avaliar todas as alternativas, o indivíduo terá de decidir: realizar a compra ou não; quando comprar; o que comprar; onde comprar e como pagar (cartão de crédito, cheque ou dinheiro). São três os tipos de compra: totalmente planejada, parcialmente planejada e não planejada. A totalmente planejada implica que tanto a marca quanto o produto são escolhidos antecipadamente. Ela pode ocorrer quando o consumidor possui um alto envolvimento com o produto ou também quando possui baixo envolvimento. A parcialmente planejada ocorre quando existe a intenção de comprar o produto, mas a escolha da marca é adiada até o momento da compra. Por fim, a compra não planejada, também chamada por impulso, se dá quando a marca e o produto são escolhidos no ponto de venda. (BLACKWELL; MINIARD; ENGEL, 2005).

Consumo
Depois de realizada a compra, é importante que as empresas verifiquem o momento em que ocorreu o consumo, como o produto foi consumido e quanto foi consumido, pois a forma como o consumidor consome o produto afeta a satisfação em relação ao bem ou serviço e às futuras compras.

Avaliação pós-consumo

Na avaliação pós-consumo, os consumidores terão a sensação de satisfação, quando as expectativas iniciais em relação ao produto ou serviço forem confirmadas por meio do seu real desempenho, ou insatisfação, quando o desempenho do produto/serviço frustrar as expectativas do consumidor. Entender o nível de satisfação dos consumidores é importante para as empresas, porque ela influencia a repetição ou não da compra.

Descarte

Em se tratando, neste caso, especificamente de produto, após determinado tempo de uso, o consumidor pode reciclar, revender ou descartá-lo (BLACKWELL; MINIARD; ENGEL, 2005): esse estágio, o do descarte, é o último no processo.

A abordagem clássica, no entanto, vem dando lugar para uma visão integrada de consumidor e shopper: "The Shopper & Consumer Jorney". Esse conceito de Jornada do Consumidor e Shopper, que integra o comportamento de compra e consumo, é uma abordagem moderna, atual e mais adequada ao momento que vivemos com um consumidor multicanal, multimarca e altamente conectado.

Este modelo reconhece que o processo de consumo e de compras se inicia a partir de um desejo/necessidade que vai gerar uma motivação ou uma missão de compra, levando a um determinado consumidor assumir o papel de shopper, destaca Brian Harris, co-presidente da Comissão de Varejo dos Estados Unidos em Shopper Marketing e da Iniciativa da Jornada de Compra do Consumidor e Shopper do ECR Europa, em seu artigo, especialmente escrito para este livro (leia no capítulo 9).

Assim, ao conhecer e entender como trabalhar/influenciar todo o ciclo de comportamento do cliente* (a seguir) e cada etapa da jornada de compra, seremos capazes de de senvolver ações mais direcionadas nos diferentes pontos de contatos com os clientes, com o objetivo de aumentar as vendas do varejo e indústria e proporcionar melhor experiência de compra ao cliente.

*Ciclo do comportamento do cliente

De acordo com Brian Harris, a Jornada de Compra do Consumidor e Shopper é o mapeamento do comportamento e decisões de ambos, em cada etapa do processo que se inicia com um desejo de consumo e vai até a avaliação das experiências de compra (pelo shopper) e de consumo (pelo consumidor), que podem ser determinantes de comportamentos e decisões futuras.

A jornada do shopper e do consumidor

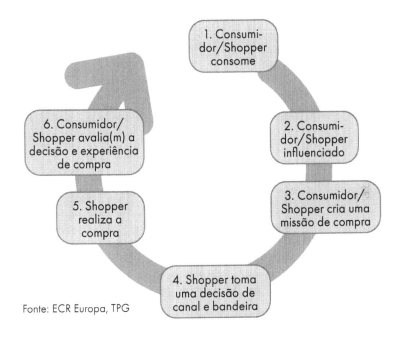

Fonte: ECR Europa, TPG

A Jornada de Compra do Consumidor e Shopper
"Consumer and Shopper Journey"

Lembrando: Consumidor pode assumir o papel de Shopper e/ou apenas usuário de um produto. Shopper é aquela pessoa que vai ao PDV (seja lojas físicas ou virtuais, apps) e que efetivamente decide as compras. É o cliente do varejista.

Qualquer varejista passa pelo processo e/ou necessidade de tornar-se conhecido, de atrair e conquistar o cliente, de convertê-lo em shopper, sem esquecer-se das ações para retê-lo e torná-lo fã, estimulando a recompra e/ou a intensidade de consumo e gasto.

No lado da indústria, não é diferente. Gerar o desejo por um produto e marca e inspirar o consumidor a comprar e a querer mais e mais é uma prática diária e que vem ganhando espaço nos investimentos da indústria.

As etapas da jornada de compra

PRE STORE	IN STORE			POS	
Gerar conhecimento Gerar desejo Fluxo	Chamar atenção Facilitar encontrar o que procura	Estabelecer conexão emocional soluções Experimentação, entre outros	CONVERTER Exposição a partir da árvore de decisão Embalagens	Efetivação da compra	Proporcionar Satisfação Fidelizar

Fonte: Várias (tirado do ECR Brazil Presentation 10-13-10) – The Partnering Group Inc (2010)

Assim, fazer o cliente optar por sua loja e uma marca frente aos inúmeros concorrentes, fazê-lo ficar mais tempo ligado a você (à sua loja), gastar o máximo possível e voltar para recompra sempre que necessário, passa a ser um desafio diário e requer muito mais esforço e investimento dos varejistas e seus fornecedores. Varejistas e Fornecedores, portanto, passam a ter um mesmo objetivo estratégico.

O novo cenário exige real orientação ao cliente e sua jornada. Saímos das práticas de Trade Marketing para as estratégias de Shopper Marketing.

De Trade Marketing ao Shopper Marketing

O Trade Marketing surgiu no início dos anos 90 frente à maior complexidade nas relações varejo-fornecedores.

Palavra de ordem: **Relações Integradas**: desenvolvimento de negócios conjuntos que melhorem a venda ao consumidor final e que tragam melhores resultados.

Passa a ser o responsável pelo bom andamento das negociações, cuidando desde decisões financeiras (preço); logística; posicionamento e acompanhamento nas lojas; embalagens; comunicação no PDV, relacionamento do ponto de venda.

Missão: Apoiar o varejista na venda do produto/marca e tornar a relação indústria-intermediários mais lucrativa para todas as partes. Diminuir e, se possível, extinguir os conflitos existentes nos canais de distribuição.

Com a evolução, profissionalização, especialização e consolidação dos canais de vendas, fortalecimento dos intermediários, mais acesso e excesso de informação, automatização, práticas de ECR, maior complexidade na tomada de decisão por parte do cliente que passa a ser multimarca e multicanal, intensifica-se a concorrência por maior e melhor espaço no ponto de venda, na mente, no coração e no bolso dos clientes.

É neste contexto que se torna imprescindível conhecer o cliente (consumidor e shopper), suas segmentações, entender cada etapa de sua jornada de compra, identificar o que pensam no momento da compra, quais seus desejos e necessidades para desenvolver ações mais direcionadas e gerar o desejo, atrair, engajar, converter e reter o cliente.

Desta necessidade é que surge o Shopper Marketing.

Alguns especialistas dizem que Shopper Marketing é uma "evolução" ao Trade Marketing.

Hoje, contamos com inúmeras ferramentas e possibilidades de estímulos de marketing e merchandising para promover interações com o cliente nos diferentes pontos de contatos.

De simples ações de comunicação com as mídias tradicionais – TV, rádio, revistas, malas diretas – ao uso das mídias digitais, e-mail marketing, SMS, redes sociais e todos os aplicativos disponíveis, aos estímulos direcionados dentro da loja, como o *design, layout,* iluminação, uso de som, aroma, prateleiras diferenciadas, ao leque de atividades de merchandising e materiais de POP – *"point of purchase"* – como *displays,* adesivos de chão, quiosques, sistemas de áudio e vídeo na loja, cartões inteligentes, sinalizadores digitais, tabloides, cartazes, cupons, promotoras, ações de degustação, e, por fim, estímulos inerentes ao produto em si como o uso da própria embalagem, mensagens, imagens, cores, tamanho, entre outros.

O grande desafio é decidir que ferramenta usar, em que momento, como e o que comunicar para que transmita o que, de fato, é relevante ao cliente. Na prática, qual a ferramenta mais eficaz nos diferentes pontos de contato com o cliente.

Meu cliente não voltou, e agora? **111**

DICAS SOBRE TABLOIDES

Por Leonardo Pellegrino*

Para definir um folheto, o primeiro passo é responder a seguinte pergunta: O que o varejista quer mostrar/entregar: imagem de preço, mais qualidade (produtos top/premium/exclusivos), mais variedade (amplo mix), preço ou outro ponto? Não existe para nenhum dos casos uma cartilha, mas todos têm uma lógica, com pontos positivos ou negativos.

No caso de o varejista eleger "imagem de preço", não há necessidade de apresentar, no folheto, apenas os produtos mais baratos. No caso de "qualidade" (produtos top/premium/exclusivos) também não há necessidade de apresentar apenas os produtos mais caros ou que são tipo "gourmet". No caso de "variedade" não é prudente apresentar quase toda a loja no folheto, nem apresentar apenas os produtos que sejam interessantes / "rentáveis" para o varejista (em caso de boa negociação com fornecedores).

É preciso mesclar todos os casos num folheto, dando ênfase àquilo que se quer passar de mensagem. Apresentar produtos bons e baratos, com uma diferença de preço razoável entre os principais concorrentes ou mesmo se comparado ao preço de gôndola do próprio varejista, é bastante interessante e traz imagem de preço. Apresentar produtos diferenciados ou exclusivos (tipo gourmet/premium) mostra, além de variedade, uma preocupação em tratar o cliente como especial, oferecendo-lhe algo diferente. Apresentar muitas categorias e um leque grande de fornecedores no tabloide sugere variedade. E por fim, apresentar produtos que tiveram sua margem negociada com a indústria, seja através de recomposição, seja através de maior exposição (os considerados rentáveis) vale para o bolso do varejista.

O segundo passo tem relação com a forma de comunicar. Segue a máxima de que não adianta ter boas ideias, o importante é realizá-las. Em outras palavras, não adianta apresentar no folheto produtos bons e baratos (imagem de preço), que tiveram uma boa negociação com a indústria (rentáveis), ou mesmo que são exclusivos do varejista (qualidade/marca própria) ou que estão dispostos em várias partes da loja (variedade), sem saber se o cliente entende o que se quer comunicar. Divida os seus produtos em capa, interior do folheto, contracapa. Aproveite o espaço (que normalmente é caro) para segmentar o folheto em categorias/grupos de produtos que façam sentido para os clientes. Vejo muitos varejistas colocarem produtos de limpeza, bazar, têxtil, açúcar, arroz, feijão, um ao lado do outro, num mesmo espaço, sem nenhuma diferenciação de categorias ou grupo de produtos para o cliente. Parece um "catado" de produtos que o varejista escolheu, sem muito critério, para oferecer ao consumidor durante os dias de validade do folheto.

Se não existe uma classificação, sugiro que os produtos do folheto sejam apresentados segundo uma lógica dos corredores da loja. Assim, o cliente pode apreciar as ofertas enquanto caminha pela loja.

Voltando à divisão capa, interior do folheto e contra-capa, vale a pena pensar nas seguintes dicas:

a) Capa (primeira página): Vale escolher produtos bons e baratos ou que mostrem exclusividade e, o mais importante, que chamem o cliente para a loja. Podem ou não ter negociação com os fornecedores.

b) Interior do folheto (páginas seguintes): Vale escolher produtos bons, normalmente negociados com o fornecedor, que devem ser apresentados e destacados por categorias, grupos de produtos ou sequência da loja. Em caso de uma negociação com o fornecedor específico, vale reservar um espaço para apresentar estes produtos com o logo, um slogan ou chamariz qualquer/um destaque. Pense também em praticar as ofertas: Leve X Pague Y ou Na compra de X leve Y, entre outras tantas alternativas.

c) Contracapa (última página): Normalmente é nesta página que se comunica o que a lei determina: os endereços das lojas, os horários de funcionamento, o Serviço de Atendimento ao Consumidor/Cliente (SAC), o site e as redes sociais. Mas pode-se aproveitá-la melhor apresentando os lançamentos, vendendo o espaço para fornecedores divulgarem suas marcas, mostrar receitas, praticar ofertas de todos os tipos (Leve X Pague Y), oferecer descontos com pagamento através do cartão da loja, enfim, uma infinidade de opções.

Em nenhum destes espaços tente enganar o cliente. O cliente não é bobo. Não aumente o preço e dê descontos. Não mantenha o preço da semana anterior e indique que o produto está em oferta nesta semana. Seja transparente. Se é oferta, comunique. Se haverá desconto real, apresente.

Por fim, mas não menos importante, vale muita atenção para o terceiro passo: o abastecimento. Não há como garantir um bom folheto sem produtos em loja. Nunca se esqueça de que o cliente viu seu folheto, saiu de casa/trabalho/caminho para encontrar o produto ao preço oferecido. Ele perdeu o tempo de deslocamento e se, ao entrar na loja, não encontrar o que lhe foi oferecido, que decepção! Nas duas primeiras vezes o cliente pensa: "que azar, cheguei tarde. Da próxima vez chegarei mais cedo." Mas se a constância continuar (o cliente chegar e não encontrar a mercadoria ofertada), a visão dele sobre a loja certamente mudará. E não acredite que a indicação de "enquanto durarem os estoques" satisfaça. Responda à pergunta para entender e reforçar a importância do abastecimento: é preferível sobrar uma mercadoria após a promoção ou não sobrar nenhuma? Resposta: é preferível sobrar uma. Assim o varejista garantiu que todos os clientes tenham aproveitado a promoção/oferta. No caso de não sobrar nenhuma, o varejista, com certeza, deixou alguém insatisfeito, de fora da promoção.

*Leonardo Pelegrino é especialista em *varejo*

Vamos conferir nos tópicos abaixo como explorar as inúmeras possibilidades em cada uma das etapas da jornada de compra e consumo.

Vale relembrar que embora nossos casos e exemplos referem-se a lojas físicas, o processo de compra e de consumo, pode ocorrer tanto em casa, quanto no trânsito, no trabalho, demandando estratégias que englobam tanto os pontos de venda físicos como os virtuais.

Gerar conhecimento

O primeiro passo da jornada de compra do shopper é fazer-se presente no hall das escolhas e, ocorre antes mesmo da chegada do cliente, o shopper, à loja e/ou site, app, etc.

É o momento em que o cliente (em casa, na rua, no trabalho) identifica uma necessidade*, inicia seu processo de busca de informações**, toma conhecimento do produto/marca e vai decidir qual o melhor canal/loja para satisfazer a tal necessidade.

Da necessidade deriva-se a definição de uma missão de compra específica, que pode ser para reposição de algo que faltou, abastecimento regular, compra emergencial ou, ainda, necessidade específica como, por exemplo, realizar a compra para um jantar com amigos, um presente de última hora, entre outros.

"A missão de compra é de extrema importância já que impacta diretamente e define as escolhas e decisões do canal, bandeira e loja. As opções podem ser lojas físicas tradicionais ou canais digitais ou uma combinação de ambos – de acordo com estatísticas de mercado mais de 85% dos shoppers optam por oito ou mais canais para se abastecer."

---

* Necessidade: o cliente pode se deparar com a falta de um produto, pode ter a necessidade de fazer sua compra de reposição, pode necessitar de algo para uma ocasião especial, pode ver um determinado produto através de uma propaganda ou pela internet e se interessar em prová-lo, etc. É por essa razão que a segmentação por Missão de Compra, que já vimos anteriormente no capítulo 4, ganha tanta importância. Entender a razão pela qual o cliente vai às compras é crucial para a decisão de canal, sortimento, ambientação, layout de loja, posicionamento, entre outros.

** Busca de Informações: há inúmeras fontes de pesquisa sobre produto e canais: mídias tradicionais (propaganda, outdoor, rádio, revistas, jornais, busdoor, entre outros), mídias digitais (internet, redes sociais, blogs), jornais de ofertas – tabloides, televisão, boca a boca, indicação de amigos e parentes, etc.

O grande desafio nesta primeira etapa é gerar conhecimento – gerar desejo, gerar fluxo, inspirar o cliente a te querer!

Nesta etapa, ganha destaque o papel do marketing através de inúmeras ferramentas de comunicação que dispõe para gerar conhecimento/desejo sobre um determinado produto, sobre a marca e sobre o canal/loja e, ainda, gerar diferentes interações com o cliente.

Das mídias tradicionais às redes sociais e mais recentemente os smartphones e e aplicativos com os mais variados serviços, a verdade é que, com a conectividade e mais recentemente a Pandemia e o *boom* do digital, conforme já comentamos no capítulo anterior, ocorreu uma grande mudança na maneira como as pessoas se relacionam, se comunicam e até mesmo acessam produtos e serviços e canais de compra.

Novas formas de se relacionar e gerar desejo começaram a ser implementadas. Marcas de varejo e Indústrias passaram a ser cobradas por novas interações e ações. O varejo vira mídia em nova onda do marketing digital.

A prática de venda de espaços para anunciantes em lojas virtuais e físicas, conhecida por Retail Mídia ou Mídia de Varejo vem crescendo no Brasil, intensificda sobretudo com o avanço da digitalização. Redes diversas vêm apostando neste mercado com planos para divulgar ações, marcas, produtos e, inclusive, ajuda a fortalecer a marca do próprio varejo. De fato, este se tornou um novo canal de comunicação com o cliente.

Há várias aplicações.

No supermercado Volte Sempre por exemplo, os anúncios são veiculados em telas localizadas na entrada das lojas, e ainda, oferecem aos anunciantes a possibilidade de conversar diretamente com os clientes.

E, segundo os anunciantes, os resultados são bem positivos pois, as propagandas são bem mais assertivas, já que as lojas têm a vantagem de conhecer o perfil e os hábitos dos clientes.

É um canal que premite integração *on-line* e *off-line*. No digital, os anúncios das empresas são encaminhados por e-mail, SMS de acordo com o perfil e hábitos dos clientes e melhor canal para abordá-los.

OS SHOPPERS, OS CINCO ESTÁGIOS DA COMPRA E A ECONOMIA DA RECOMENDAÇÃO ON-LINE

Por Diego Oliveira*

É senso comum o entendimento de que a publicidade visa, em primeira e última instância, à concretização de vendas. Mesmo que a ênfase seja institucional, os investimentos publicitários são feitos no sentido de conversão em compra efetiva. Muito embora saibamos que o "desejo" pelos produtos, este estimulado pela abordagem publicitária, não necessariamente significa a concretude da sua aquisição. Afinal, "querer não é poder".

Na realidade, o desejo de aquisição ou a descoberta de uma necessidade se constituem apenas como um dos vários fatores que contribuem para a realização da compra pelo consumidor. Nesse sentido, temos uma real complexidade no processo de compra – que abarca vários fatores –, que vão desde a concepção do produto, incluindo todas as etapas de sua fabricação, até a disposição deste no ponto de venda e a aquisição por parte dos consumidores.

Para que toda essa operação, que na teoria parece simples e de fácil execução, ocorra, são necessários outros fatores, não mais estão relacionados diretamente ao produto, mas sim à estratégia que será montada para que o cliente, diante de tantas outras possibilidades escolha exatamente aquela de determinada marca ou organização. Dessa maneira, entender o consumidor e suas necessidades passou a ser um dos principais focos das empresas, não só com vistas ao aumento das vendas, mas também para obter a satisfação da clientela e a sua fidelidade com a "recompra".

Como os consumidores/compradores estão em constante estado de mudança, qualquer que seja o planejamento publicitário para alcançá-los, devemos considerar a continuidade dessa mudança. Afinal, a cada dia surgem novos consumidores que parecem se adaptar rapidamente às tecnologias e ao ambiente digital. Muitos, os mais jovens, por exemplo, estão sujeitos ao novo cenário tecnológico desde o momento que nasceram (são os chamados "nativos digitais") e desde cedo vão tornando-se mais exigentes e influenciadores dos comportamentos dos menos familiarizados com tecnologia (como os "imigrantes digitais", que paulatinamente inserem a tecnologia às suas vidas) – já os nativos postam tudo, recomendam e "desrecomendam" marcas e produtos com muita facilidade. Essas e outras coisas têm que ser ponderadas no planejamento estratégico dos meios e formas de realizar a comunicação publicitária, uma vez que o objetivo dela é "seduzir e levar à compra", sem esquecer de contar com o estímulo de consumidores satisfeitos.

Meu cliente não voltou, e agora? **117**

Obviamente, com o advento da internet e da cultura colaborativa, instaurada com a web 2.0, as recomendações e comentários de outros consumidores têm ganhado uma força imensa para abastecer os compradores em potencial com informações a respeito dos seus objetos de desejos e necessidades e com muita credibilidade, pois as recomendações, opiniões e comentários são, em grande medida, desvinculados de ganhos financeiros – diferentemente dos anúncios publicitários. A verdade é que, o cenário de compra dos shoppers não é novo, pois o hábito de pesquisar antes de efetuar uma compra é algo que sempre fez parte da vida dos consumidores. No Brasil, por exemplo, 66% dos consumidores, nos 13 mercados pesquisados pelo EGM – Marplan, gostam de visitar várias lojas antes de fazer uma compra. A questão é que, agora, o cenário se apresenta como "mais preocupante" para as empresas, já que as "visitas", para as pesquisas de preços e outras informações sobre os resultados dos produtos (o segundo e o terceiro estágios do processo de compra), foram enormemente ampliadas no ambiente virtual, visto que um mero *click*, em um pequeno aparelho móvel conectado à internet, possibilita "muitas visitas" em busca de informações e avaliações das alternativas, sem a necessidade do deslocamento físico.

Por isso, é imprescindível que se crie diferenciais competitivos num mundo de "iguais". Esses diferenciais competitivos podem estar na perspectiva da experiência de compra, visto que a atividade de comprar é, naturalmente, prazerosa e diversos consumidores estão dispostos a pagar um pouco mais por tal experiência. Em paralelo, como ressalta Rossiter (2009), o surgimento de novas tecnologias comunicacionais pode ser visto como possibilidades que devem ser exploradas e utilizadas com base em estratégias bem elaboradas e planejadas, mas que, acima de tudo, primem pelo novo e pelo original e que sejam pensadas para que esses compradores da atualidade – os shoppers, que já conhecem a fundo o produto, tenham uma experiência cheia de significados. Portanto, o profissional de publicidade deve preocupar-se com os novos compradores e estudar possibilidades midiáticas que os atraiam. Deste modo, ao pensarmos no processo de compra e no papel da publicidade no atual contexto, entenderemos que hoje, como pondera Jenkins (2008, p. 312), a tendência através das novas mídias e da convergência entre elas, da formação de comunidades através das redes virtuais e do surgimento de várias formas de exploração midiática, é, principalmente, a "substituição do consumo individualizado e personalizado pelo consumo como prática interligada em rede". Assim, o elemento-chave no processo de compra passa a ser, necessariamente, alicerçado na "economia da recomendação".

*Diego Oliveira, CEO da Youpper e professor da ESPM

A ARTE DA COMUNICAÇÃO NO VAREJO DE AUTOSSERVIÇO

Por Susana Ferraz*

O sucesso do varejo está todo baseado na Comunicação bem feita, sendo que ela ocorre através das diferentes mídias e meios (tradicionais e digitais): marketing, publicidade, imprensa, relações públicas, ações de merchandising no PDV, tabloide, cartazes, locutor na rádio dentro da loja, vídeos interativos ou não, e sobretudo, através do funcionário, ou seja, da essência da comunicação que é a comunicação humana do dia a dia, entre outros.

Mas o que é Comunicação? Simplificando, comunicar é o sistema de transmitir uma mensagem, deve ser entendida como uma ferramenta de integração, No autosserviço, um palco em que o principal ator é o consumidor, é necessário comunicar de maneira clara e objetiva para que ele se sinta "amparado" e "prestigiado" pela loja, com vistas a facilitar seu processo de compra e decisão.

Dicas básicas para você ter uma Comunicação Efetiva na sua loja:

- Bom layout de loja: "eu não posso perder tempo procurando meu produto favorito";
- Gôndolas adequadas e bem-posicionadas: atentar-se à altura e profundidade: "detesto ter de fazer ginastica na loja para pegar um produto que está muito no alto ou atrás de tudo!";
- Boa sinalização, em especial, de preço;
- E pessoal de loja bem tratado (eu não falo de bem treinado ou capacitado. Se você e seus diretores, gerentes, etc. não tratam bem seus funcionários, como é que querem que eles tratem bem seus clientes e, portanto, se comunique bem com eles?);

Adicionalmente, podemos contar com as diversas ferramentas de comunicação, como:

- Marketing/Merchandising (tabloide, display, cartazes, revistas, entre outros)
- Promoção
- Propaganda
- Relações públicas
- Jornalismo
- Assessoria de imprensa, etc.

> Integradas, essas ferramentas podem gerar um melhor relacionamento entre sua loja e seu cliente. E você não precisa ser uma grande rede para fazer bom uso delas.
>
> E atenção à linguagem que precisa ser simples e objetiva. Lembrando que para ser comunicar bem com seus clientes é preciso conhecê-los.
>
> *Susana Ferraz,
> *jornalista especializada em Varejo,*
> *sócia da Sete Estrelas Comunicação*

Os cases a seguir tratam de ações bem-sucedidas de um varejista.

"GERANDO DESEJO" - PROGRAMA DE RELACIONAMENTO
COOP, Santo André (SP)

Por Claudia Montini*

Nosso desafio era inspirar o cooperado a vir na Coop, comprar e voltar sempre que necessário. Dentro das mudanças implementadas com o novo modelo de negócio: Gestão de Cooperados (Estratégia de Visão de Cliente) – foi necessário reestruturar também o próprio marketing, criando novas áreas, a saber:

Nova Estrutura de Marketing

1. Criação de uma área para cuidar exclusivamente das ações de interações com o cliente – estratégia de abordagem, ofertas, régua de relacionamento, decisões sobre o que comunicar, como, e o pós-venda.

2. Criação de uma área para cuidar dos pontos de contatos – atendimentos – e gestão da base de dados juntamente com a consultoria externa. Neste aspecto, por exemplo, tivemos que repensar o SAC – no novo modelo de negócio o SAC deve ser diferenciado, flexvel, ágil, com poder de decisão, ser um solucio nador de problemas, jamais deixar o cliente esperando.

Iniciamos nossas interações com o cliente pela ação que para nós era a mais fácil. Criamos um programa de relacionamento através de ações bem planejadas e personalizadas de comunicação.

Optamos pelo uso de mala direta para nos relacionarmos com nosso cliente e inspirá-lo a vir às nossas lojas. A mala direta, embora avaliada negativamente pelo mercado, é muito bem aceita por nossos clientes.

Ao identificarmos um cliente que não comprava determinada categoria, enviávamos uma comunicação direcionada e diferenciada, nominal, oferecendo algum benefício e adicionando sempre uma mensagem de carinho.

*Claudia Montini é ex-coordenadora de Marketing da Coop
e atual gestora do Grupo Pereira*

CAMPANHAS DE SUCESSO
COOP, Santo André (SP)

Por Celso Furtado*

Como deve funcionar um processo para desenhar uma campanha e cuidados para que a mesma seja bem executada?

O primeiro passo que demos para estruturar as nossas campanhas foi a realização de uma grande pesquisa para identificar que tipo de promoção mais agradava os nossos clientes, que prêmio era o objeto de desejo e demais aspectos que permitissem avaliar todas as características necessárias para construir campanhas eficientes.

Isso nos ajudou a direcionar as ações pela ótica do cliente, sem esquecer do que era mais eficiente para a própria Coop. O foco era estar alinhado aos interesses deles. Ou seja, ao que era realmente relevante.

A pesquisa serviu como subsídio para o desenvolvimento do calendário promocional, oferecendo o que o cliente desejava de fato e para a estruturação de todas as nossas campanhas.

Uma vez decidida e planejada a campanha, convidamos a nossa agência para avaliar o que era atrativo e eficiente, como deveria ser aplicado, como "empacotar" a campanha toda e, principalmente, como entregar no PDV.

Na sequência vem o trabalho interno de convencimento do fornecedor para apoiar o projeto, da área comercial para vender o projeto.

Uma vez consolidada, há a necessidade imperativa de envolver operações, para que toda a equipe possa "vestir" a loja adequadamente, garantir uma execução eficiente, da exposição dos produtos a cada detalhe.

Sem esquecer, é claro, do plano de endomarketing para que tenha mobilização de todos. O grande desafio é sempre engajar e mobilizar todos em prol do que se vai executar.

Na prática, é uma série de ações e etapas para entregar uma campanha, executá-la com qualidade.

Avançamos muito aqui na Coop, mas claro, há uma série de aprendizados que devem ser melhorados. Às vezes, por exemplo, nos deparamos com ruptura de produtos em oferta, nível de serviço cai, falta cupom para campanha, entre outros.

A empresa como um todo precisa se mobilizar. E, na prática, poucos possuem uma arquitetura bem montada, integrada – onde uma área possa acionar a outra rapidamente – para ajustar eventuais problemas, caminhar de forma balanceada. No varejo, falta ainda integração e comunicação entre as áreas.

Celso Furtado - ex-Coop, atual vice-presidente de marketing da Abras

Além de todas essas possibilidades, ações simples de sinalização, distribuição de tabloides, entre outras, contribuem para a decisão de canal/loja.

Com o avanço e acesso da tecnologia, detectamos muitas inovações em ferramentas eficazes para gerar desejo e fluxo. Além do uso da internet em si, redes sociais e todos os aplicativos disponíveis.

Atrair a atenção do cliente

Já de posse das informações sobre produto e marca e com a decisão de onde comprar - realizada a escolha do canal/loja -, seguimos para o segundo passo da jornada: atrair a atenção do cliente.

Esta etapa tem a ver com o desenvolvimento de ações para chamar a atenção do Shopper dentro da loja ou no ambiente digital. Se loja física: ajudá-lo a circular facilmente e a localizar rapidamente o produto que necessita. É claro que para isso temos que, no mínimo, ter garantido a disponibilidade do produto. Ter o sortimento adequado e sem ruptura.

Se digital/on-line, garantir acessibilidade (100% functional), praticidade e rapidez na busca, na escolha, no processo de compra, navegação fluída, prática, na entrega (logistica) – quando o cliente opta por um meio digital – praticidade, rapidez – são palavras de ordem.

Aqui quero chamar atenção sobre o tema "site". Ter uma loja on-line não garante o tráfego de pessoas para o seu site, por isso ter estratégias de anúncios, SEO e redes sociais são importantes. Mas participar de marketplaces como Mercado Livre, por exemplo, fará seu negócio ficar exposto a grandes volumes de tráfego. E você apenas será cobrado quando realizar a venda.

Mas seja em lojas fisicas ou em uma das novas formas de se fazer varejo (apps, ecommerce tradicional, compre e retire, drive thru, whatsapp, etc.), garantir a disponibilidade do produto (abastecimento) é crucial. E ruptura hoje é uma "pedra no sapato" no varejo. Se ela fosse um varejista, de acordo com estatísticas de mercado, seria o 3º maior varejista do Brasil.

Meu cliente não voltou, e agora? **123**

MINIMIZANDO A RUPTURA OPERACIONAL
TENDA ATACADO, Guarulhos (SP)

Por Fernando Alfano *

A ruptura operacional é quando o produto está na loja, mas, não na área de vendas, não exposto ao cliente.

Você acha que isso não acontece? Ledo engano! No nosso caso chegava a 20%.

O QUE IMPLEMENTAMOS

Diariamente, antes de abrir a loja, emitimos uma listagem com os produtos da curva A (alto giro) que não venderam no dia anterior.

Na teoria, estes produtos vendem todos os dias. Se não ocorreu nenhuma venda, pode sim ser um problema.

A equipe da loja pega a listagem e checa cada produto da lista para avaliar se estão disponíveis na área de vendas, bem expostos ao cliente.

Se sim, dá um ok e elimina o produto da lista. Caso negativo repõe imediatamente o produto. Percebemos, porém, que estes produtos às vezes acabavam no meio do dia.

Assim, criamos a "Blitz Tenda". Quatro vezes ao dia, a equipe de repositores (própria), com a listagem em mãos, faz a checagem para evitar/minimizar a ruptura operacional.

RESULTADO

De uma ruptura operacional de 20%, reduzimos para patamares inferiores a 5%.

* Fernando Alfano é diretor de Operações
do Tenda Atacadista

GC APLICADO AO PEQUENO VAREJO
SUPERMERCADO SÃO SEBASTIÃO, Barra Mansa/RJ

Por Geraldo Aniceto [*]

O Supermercado São Sebastião, localizado na periferia de Barra Mansa, interior do Estado do Rio de Janeiro, passou por uma importante transformação. Quando estava lendo revistas do setor fazendo estudos para melhorar a minha gestão, conheci o conceito do Gerenciamento por Categoria.

Foi especificamente uma matéria que mostrava um case sobre GC na seção de biscoitos, numa grande loja que me chamou a atenção para o assunto. Encantado com os benefícios que poderia obter quis saber mais.

Através das referências citadas na revista, fiz contatos telefônicos com a indústria, mas ao ser questionado sobre o número de check-outs e tamanho da loja, alegaram que não seria possível me ajudar. Inconformado, pensei até em contratar a empresa de consultoria mencionada na matéria. Ao levantar os custos, constatei que estava longe de minhas possibilidades.

Resolvi, então, procurar a ECR Brasil, entidade multiplicadora do con- ceito de GC, também mencionada na reportagem, e avaliar se seria possível adaptar o conceito para o pequeno varejo.

Com todas as dificuldades de um cidadão do interior, parti para São Paulo, com a certeza de que a minha empresa poderia se beneficiar muito e sair na frente, uma vez que colocasse em prática o novo conceito.

Com total apoio do superintendente do ECR, recebendo todos os manuais de GC que ensinavam o passo a passo e integrando o comitê do ECR, comecei a me aprofundar mais no assunto. O desafio estava lançado!

Como adaptar os conceitos ECR para a realidade da minha pequena empresa: uma loja de 450 metros quadrados, com 4,5 mil itens comercializados? Qual seria o primeiro passo? Constatei que precisava adequar meu sistema de retaguarda, sobretudo, em ter mos de estrutura mercadológica. Feito isso, percebi que, se não tivesse o comprometimento de meus colaboradores, não conseguiria implantar o conceito.

Meu cliente não voltou, e agora? **125**

Como fazer isso de modo simples e prático? Reunindo a equipe para apresentar o projeto e mostrar sua importância.

Percebi que havia uma funcionária que estava grávida. Tive, então, a ideia para iniciar o treinamento. Pedi a ela que colocasse em um carrinho de compras tudo o que o precisaria para cuidar do seu bebê. E, também, pedi a outra colaboradora, que é dona de casa, que colocasse no seu carrinho tudo que precisaria para a lavagem de roupa. Assim, iniciei o treinamento da minha equipe. Ao final, percebendo que faltavam alguns produtos no carrinho, perguntei à que estava no setor de limpeza: "Você não precisa do pregador? E do avental?".

Ela respondeu: "Não me lembrei, porque estes itens estavam no setor de utilidades".

Ao vivenciarem essa experiência, os colaboradores compreenderam que, a partir daquele momento, os produtos precisariam ser dispostos de modo diferente. Inicialmente, fazendo uma análise do setor de limpeza, constatamos que a desorganização estava me fazendo perder dinheiro. Considerando apenas os amaciantes para roupa, detectamos que havia em torno de oito marcas e várias fragrâncias diferentes. Delas, apenas três faziam a maior parte da minha rentabilidade. Outros absurdos foram encontrados. Trabalhamos até chegar ao mix ideal para o setor.

Com os contatos feitos através das reuniões na ECR, consegui apoio da indústria. O Supermercado São Sebastião avançou no GC, criando o "Cantinho do Bebê", auxiliado pela Johnson & Johnson. Depois, outros setores foram sendo trabalhados.

Seção de limpeza antes de iniciar o projeto de GC (ao lado)

Seção de limpeza após iniciar o projeto de GC

Seção de limpeza após o projeto de GC

A loja sofreu uma reestruturação. Foram feitas sinalizações internas para comunicar os clientes e facilitar o processo de compra e, ainda, os próprios colaboradores se empenharam em explicar para os clientes que as mudanças tinham o objetivo de atender melhor às suas necessidades, oferecendo uma "solução de compra". Quanto aos números, os resultados foram imediatos. O tempo de estoque das mercadorias diminuiu. E, em relação às vendas, houve um sensível crescimento no tíquete médio, no faturamento e na lucratividade.

O maior ganho foi ver que os clientes ficaram muito mais satisfeitos, pois a nova organização das gôndolas, baseada no gerenciamento por categorias, facilitou a localização dos itens que mais utilizam.

Para mim, aplicar as ferramentas de ECR não requer muito investimento. É mais uma questão de mudança de mentalidade por parte do pequeno varejista. O nosso caso, de aplicação dos conceitos de GC, adaptados para o pequeno varejo me levou a participar como coordenador pelo varejo, do Comitê de Gerenciamento por Categorias, da ECR Brasil em abril de 2004. E, desde então, compartilho nossa experiência através de participação em painéis e palestras nas diversas feiras do setor supermercadista pelo País como a Apas, Agas, Superminas, Asserj.

Nessa ousada trajetória do Supermercado São Sebastião para implantar o Gerenciamento por Categoria, ficou a mensagem de que quando há vontade e empenho, é possível fazer.

Geraldo Aniceto
é proprietário do Supermercado São Sebastião

O Angeloni atento também às práticas mais efetivas de gestão, dá início a um projeto-piloto de "gestão por categoria".

> "Estamos neste momento implantando um projeto-piloto de "Gestão de Categoria". O "GC", conforme é conhecido no mercado, é um modelo de gestão com foco em um estudo profundo no sortimento disponível na gôndola, na forma como está exposto e sua localização na loja. Combinado a isso, considera também fatores como comportamento do consumidor por categoria, relevância das marcas e o direcionador estratégico da empresa. A intenção é ajustar a gôndola ao encontro do cliente, entendendo que o modo de comprar perfumaria é diferente de escolher mercearia, por exemplo," - Atanazio dos Santos Netto, diretor do A.Angeloni & Cia Ltda.

Bem, uma vez garantida a disponibilidade do produto (sortimento adequado e sem rupturas), nesta segunda etapa temos que garantir organização da loja e *layout* adequados, que permitam uma passagem fluida e livre, desenvolver ações de comunicação e sinalização que permitam ao shopper localizar facilmente os produtos que deseja, e praticar uma exposição eficiente.

De acordo com a Pesquisa de Confiança, realizada pela Nielsen para o Congresso Apas em maio de 2018, os principais atributos geradores de confiança no varejo foram localização, marcas e organização da loja, credibilidade, atendimento e indicação.

Sendo que higiene e qualidade são itens, inclusive, inegociáveis para o cliente. Falando especificamente de organização, de acordo com dados da pesquisa temos:
- Gôndolas com produtos expostos corretamente
- Corredores limpos e desobstruídos

- Lojas bem conservadas e limpas – 'boa aparência'
- Equipamentos de refrigeração limpos e em funcionamento

- Produtos precificados
- Precificação de fácil visualização

Temas de extrema relevância para o cliente e que requer uma atenção especial. Será que estamos entregando o que, de fato, o cliente deseja?

Uma sondagem realizada pela Connect Shopper entre os meses de setembro e novembro de 2023 com varejistas e consumidores mostrou certo descompasso entre desejo e satisfação, ou seja, promessa não consistente com a entrega.

O tema organização que está na terceira posição de itens mais importantes para o cliente como atributo relevante para facilitar seu processo de escolha e compra está na décima posição nas estratégias dos varejistas. As preocupações maiores recaem por temas relacionados a resultados financeiros, custos, perdas, rupturas.

Soma-se a isso a baixa satisfação do cliente com o que vem encontrando em relação à organização atual das lojas: 70% se dizem satisfeitos, mas dão uma nota 6 para este atributo versus a nota média total de 7,5. Os itens mais bem avaliados são localização, promoção, variedade de produtos e marcas. Já atendimento e tempo de espera na fila estão nas últimas posições. E no digital, não é diferente. Estudo da Connect Shopper de setembro 2023 mostra nota 4 numa escala de 0 a 10 para a satisfação em geral, com impactos mais negativos nos quesitos entrega no prazo, produto errado, etc.

Não deveríamos focar efetivamente no que é relevante para o cliente? E, aí sim, como consequência obter melhores resultados?

Que tipo de loja você acha que é a da figura abaixo?

Se você achou que era supermercado, ou uma vendinha, ou uma mercearia, Errou Feio! É uma farmácia no Ceará. Em síntese, uma loja organizada, com *layout* e sinalização adequados e uma exposição eficiente que permita ao shopper encontrar facilmente o que procura e transitar livremente, sem dúvida, trazem excelentes resultados.

Acompanhem o case do SuperPratiko executado pelo Grupo Martins e disponibilizado para a Connect Shopper.

PROJETO DE ABASTECIMENTO SMART / MG
Piloto SuperPratiko – MG

OBJETIVO
Incrementar vendas e rentabilidade na seção de perfumaria, através do desenvolvimento de layoutização, avaliação de mix e execução de loja, tendo o Martins Atacadista como abastecedor.

ESTRATÉGIA
Avaliação de mix com base nas informações de mercado e desempenho da loja.
Desenvolver e implementar planograma ideal das categorias-alvo.
Execução dos planogramas com promotores dedicados.
Gerenciar o nível de estoque na frequência ideal para lojas evitando rupturas e excessos de estoques.

AVALIAÇÃO DA LOJA VERSUS MERCADO

	Média de Avaliação	SuperPratiko
Margem*	26%	33%
Faturamento**	R$ 100 mil	R$21,7 mil
Representatividade	10%	2,20%
Gôndolas***	18	7
Venda por m²****	R$ 1.060	R$ 3.553
Venda por checkout*****	R$142.316	R$ 337.500

Sendo:
*Diferença entre custo e preço de venda
** Base: loja com faturamento aproximado de R$ 1 milhão, como o SuperPratiko
***Base: Loja com 600 m²
****Lojas plugadas Estado de Minas Gerais

O tamanho da área destinada à seção de perfumaria é o maior limitador ao aumento de representatividade.

Meu cliente não voltou, e agora?

METAS
Metas apresentadas no *kick-off* do projeto foram crescer 21% em vendas e 23% em margem R$

METAS				
	SuperPratiko YTD 2012	SuperPratiko YTD 2013	Meta	SuperPratiko set/13
Margem	R$ 7,3 mil	R$ 8,4 mil	R$ 8,9 mil	R$ 9,8 mil
Faturamento	R$ 22,2 mil	R$ 26,7 mil	R$ 26,8 mil	R$ 28,4 mil

A VIRADA DA SEÇÃO
Desenvolvimento de planogramas, utilizando as mais modernas técnicas e softwares de gestão de categorias, de modo a otimizar o espaço disponível.
Data: 21/3
- 14 categorias
- 7 gôndolas

Equipe
5-Martins
3-Cliente
Tempo de implementação
8,5 horas + uma semana para acertos

SUMÁRIO

O que	Como	Quando	Quem	Status
Avaliação Mix e Planograma	Base Nielsen e Mercado Seção de Perfumaria	2a Quinzena fev/13	UMV/Smart	
Virada da loja	Implementação dos planogramas e mix proposto	2a Quinzena mar/13	UMV/Smart Vendas/ SuperPratiko	
Avaliação 1ª. fase	Apresentação dos resultados do 1º quadrimestre Evolução resultado YTD	2a Quinzena mar/13	UMV/Smart	
Apresentação dos resultados mensais	Apresentação dos resultados mensais da loja Alinhamento operacional do proejto	Contínuo (mensalmente)	UMV/Smart Vendas/ SuperPratiko	
Apresentação dos resultados mensais	Apresentação dos resultados mensais da loja Alinhamento operacional do projeto	Contínuo (mensalmente)	UMV/Smart Vendas/ SuperPratiko	

PLANOGRAMA PROPOSTO

Desenvolvimento de planogramas, utilizando as mais modernas técnicas e softwares de gestão de categorias, de modo a utilizar o espaço disponível.

RESULTADO

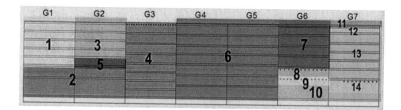

Mapa das Gôndolas: Higiene e Beleza - Anterior

1 Higiene Íntima Feminina
2 Papel Higiênico
3 Sabonete
4 Oral Care
5 Cuidado com Corpo
6 Cuidado com Cabelos
7 Fraldas
8 Mamadeiras
9 Escova Dental Infantil
10 Cuidados Pessoais
11 Fixador/Gel
12 Barbear / Depilar
13 Desodorante
14 Higiene Infantil
15 Acessórios para Cabelo
16 Acessórios para Banho

Mapa das Gôndolas: Higiene e Beleza - Pós-virada

1 Higiene Íntima Feminina
2 Papel Higiênico
3 Sabonete
4 Oral Care
5 Cuidado com Corpo
6 Cuidado com Cabelos
7 Fraldas
8 Puericultura
10 Higiene Infantil
11 Cuidados Pessoais
12 Fixador/Gel
13 Barbear/Depilar
14 Desodorante
15 Acessórios para Cabelo/Banho

Engajando o cliente

Uma vez suplantados os desafios de sortimento adequado, uma loja e ambiente agradáveis, organizadas, produtos bem expostos e sinalizados, entramos em uma nova etapa da jornada de compra. É hora de engajar o cliente, inspirá-lo a comprar.

O engajamento ocorre no momento em que o shopper já está na loja física, seção/corredor onde o produto está exposto e /ou no digital, buscando acessar algo.

Para engajá-lo é necessário desenvolver ações capazes de estabelecer vínculos ou conexões emocionais com ele.

O envolvimento parte de simples ações com o uso de imagens, sons, iluminação diferenciada, ao uso de aromas, e estímulos sensoriais que permitem estabelecer fortes vínculos com o shopper ou, ainda, ações que permitam ao shopper a certeza da "boa compra", a exemplo do que faz diferentes marcas que garantem a satisfação ou o dinheiro de volta. Outras ações muito utiliza das são as ações de experimentação e amostra grátis, que permitem o shopper testar o produto em si.

Mas as ações não param por aí. Oferecer informações que facilitem a decisão, torna-se um grande diferencial competitivo entre varejistas e fabricantes. É uma prestação de serviço de suporte à decisão nesta 3ª etapa da jornada de compra. Relevância também no digital, necessário facilitar a busca, a navegação e criar ações para estimular o desejo e conversão.

TOTEM INTERATIVO
OFERTA DE ATENDIMENTO DIFFERENCIADO
REDE ANGELONI, Florianópolis (SC)

O Angeloni tem como diferencial o atendimento, com ênfase em produtos de qualidade e alto padrão e em serviços que traduzam conforto para os clientes (lojas climatizadas, estacionamentos cobertos, entre outras facilidades).

Dentro deste conceito, aderiu a terminais interativos para os setores como Adega, Açougue e Hortifrúti.

No Terminal Adega Digital, por exemplo, os clientes conferem informações detalhadas dos vinhos disponíveis na Adega e podem imprimir receitas que harmonizam com o vinho escolhido.

Meu cliente não voltou, e agora? **135**

Saiba mais em: https:www.videosoft.com.br/clientes/angeloni

Não paramos por aqui.

Outras ações para engajar o cliente são, por exemplo, as ofertas de soluções, ou seja, entrega de um "pacote completo" de possibilidades para engajar o shopper e convertê-lo à compra!

Neste quesito, destacamos as ações de "cross merchandising", a organização das gôndolas por solução, o agrupamento de produtos de acordo com as necessidades dos shoppers, de acordo com a ocasião de consumo e/ou uso, exposição de produtos complementares, etc. Quaisquer práticas que possam contribuir para a entrega de solução.

CROSS DE BANANA COM LEITE CONDENSADO - Chile

A decisão de colocar leite condensado na seção de Frutas, Legumes e Verduras partiu de um estudo sobre Shopper e Consumidor de uma determinada indústria onde se observou que este produto era muito utilizado sobre frutas e sobremesa. O resultado foi o aumento significativo das compras por impulso – já que a compra de leite condensado é planejada. A proposta era oferecer uma solução inteligente com um apelo decorativo. Daí, desenvolver algo que lembrasse uma palmeira, exibindo a forma natural das bananas. É claro que isso só foi possível com uma forte parceria com varejistas da região. Conhecer o Shopper e seus hábitos é fator crucial e chave para desenvolver estas ações com uma comunicação efetiva e influências sobre a decisão do Shopper.

Mas como inspirar o shopper no digital? Compartilho o exemplo da Zona Cerealista Online®, que é um armazém cerealista virtual, 100% dedicado às vendas pelo aplicativo e pelas lojas virtuais www.zonacerealista.com.br ou www.zonacerealista-atacado.com.br.

A MISSÃO da Zona Cerealista Online®

O mundo está passando por muitas transformações, uma delas é a tendência cada vez mais acentuada por uma alimentação saudável, balanceada, composta por produtos mais naturais, orgânicos e menos industrializados. Infelizmente algumas empresas têm aproveitado essa tendência para ampliar os lucros, colocando um preço-prêmio injustificável em alguns casos sobre os produtos saudáveis. A missão da Zona Cerealista Online® é disseminar a cultura da alimentação saudável pela educação e oferta de produtos com preços competitivos e de alta conveniência.

Note que para engajar e inspirar o cliente a comprar mais e melhor, ele investe em uma categorização por soluções: para cozinhar, para o lanche, etc.

Categorias	Oleaginosas	Suplementos	Orgânicos	Low Carb
Orgânicos	Oleaginosas		Para o Lanche	
Para cozinhar	Amêndoas		Adoçantes naturais	
Aditivos	Amendoins		Barras de frutas, Cereais e Castanhas	
Arroz	Avelãs			
Farinhas especiais	Castanhas de Caju		Bebidas	
Grãos	Castanha do Pará		Biscoitos	
Leguminosas	Mix de Oleaginosas		Cereais em flocos	
Massas	Nozes		Cereais Matinais	
Molhos	Pistaches		Chips	

Ele estimula também o cliente com uma abordagem inspiracional como esta ao lado "O inverno Chegou..."

Meu cliente não voltou, e agora?

Bem, agora que o shopper já foi envolvido é chegada a hora de "persuadi-lo", ou seja, convertê-lo, de fato, à compra. Fazer o Shopper colocar, de fato, o produto no carrinho/cesta é, sem dúvida, um grande desafio. Do lado da indústria, os desafios versam sobre como converter o cliente para uma marca específica, frente a tantas opções. E do lado do varejo, na conversão do cliente para o maior número de categorias possíveis, uma vez que ele já está dentro da loja e ou ambiente digital (site, app, etc).

Conversão do cliente

A proliferação de novas categorias, segmentos, marcas, canais, formatos, tornam mais e mais complexas, competitivas as relações varejo, fornecedores, clientes/ consumidores, intensificando, ainda mais, a concorrência por um maior espaço na mente, no bolso, no estômago, no tempo e nas escolhas e decisões dos consumidores e shoppers.

Em inúmeras situações o cliente vai até a loja varejista, entra, circula nos corredores, olha para os produtos, para, toca, mas não compra, ao contrário, devolve o produto para gôndola.

O mesmo ocorre no mundo *on-line*: o cliente entra no site e muitas vezes, abandona o carrinho. As reclamações são inúmeras, dificuldade de encontrar o que foi comprar, problemas na hora de pagar, atrasos na entrega, pedidos incompletos, itens trocados, erros no valor cobrado, dificuldade de localizar o produto (busca e navegabilidade complexas, confusas e ineficientes) entre outros.

Examinemos o exemplo a seguir:

Categoria pós-xampu – Drogaria – Rio Grande do Sul.

Caminho de compra				
Entra no corredor	Olha o produto	Para em frente à gôndola	Interage com o produto (toca)	compra o produto
100	**70**	**55**	**33**	**8**

Fonte: *Connect Shopper*

Analisando o exemplo acima, na prática temos a cada 100 clientes que entraram no corredor de cuidados para o cabelo, 70% olharam o produto, 55% pararam em frente ao mesmo, 33% tocaram no produto, mas apenas 8%, de fato, foram convertidos, ou seja, compraram o produto.

Uma situação muito comum e que ocorre diariamente nas lojas varejistas, seja supermercado ou outras lojas alimentares, farmácias e drogarias, lojas do segmento têxtil, de eletroeletrônicos, material de construção, entre outros.

Por outro lado, nesta mesma drogaria, a taxa de conversão de xampu, ao contrário, era de 48%. Ou seja, apenas 12% dos clientes que compravam xampu, também compravam pós-xampu. Qual seria a razão? Não compravam porque não eram usuários da categoria? Não compravam porque o preço não estava adequado? Era uma questão de sortimento? Exposição? O que estava acontecendo?

Ao invés de iniciar um projeto de pesquisa para entender as razões da não compra de pós xampu, a empresa lançou uma promoção enviando uma correspondência para os não compradores de pós-xampu, mas que compravam xampu, oferecendo o produto por um valor simbólico. O resultado? Um incremento de 12 pontos percentuais na conversão do cliente.

Para identificar as razões da não compra, realizou uma pesquisa no ponto de venda abordando os clientes que compravam xampu e não pós-xampu e, em suma, identificou que o grande problema estava na dificuldade dos clientes em encontrar o produto – com problema na exposição, não orientada pela hierarquia de decisão do shopper.

A taxa de conversão é, sem dúvida, um dos indicadores imprescindíveis para a gestão do varejo e das marcas. Permite-nos obter insumos e *insights* incríveis e acionáveis para a busca de melhores resultados. É vender mais para o mesmo cliente. Focar em quem já é cliente, dentre outras questões, reduz os investimentos em propaganda.

Muitas empresas já consideram a taxa de conversão como um indicador tão importante quanto o *share*, e inclui a mesma nas metas de seus executivos.

Para converter, de fato, clientes para sua loja e/ou marca, torna-se imprescindível entender toda a dinâmica do shopper, quem está comprando e quem será o usuário/consumidor, qual a ocasião de uso/consumo e como fazem a decisão de compra/escolhem um determinado produto – se é por marca, sabor, preço, embalagem, ou seja, qual a árvore de decisão do shopper, no canal específico, considerando a categoria específica. É justamente a árvore de decisão, aliada às estratégias da categoria que em termos de informação deve ser a base para a confecção dos planogramas e, portanto, da exposição dos produtos nas gôndolas.

Meu cliente não voltou, e agora? **139**

Acompanhe a árvore de decisão e dicas de exposição com a orientação do shopper, referente a duas categorias que apresentam crescimento expressivo nos últimos anos. Fonte: Guia de Categorias Varejo – Martins

Azeites / Óleos (Árvore de decisão)		
Azeites	Óleos Classe A/B	Classe C/D/E
1. Marca	Marca	Marca
2. Segmentos (azeite, extravirgem)	Tipo de óleo	Preço
3. Tipo de embalagem (lata/vidro)	Preço	Tipo de óleo
4.	Costume familiar	Costume familiar
5.	Propaganda	Propaganda

Dicas de Exposição Azeites

É uma categoria de rotina que pode ajudar o supermercado a aumentar a transação. Pode ser exposto no setor de mercearia seca junto com óleos compostos, ou produtos importados, ou ainda, próximo a temperos.

Considerando o fluxo do corredor, a exposição deve começar das marcas Premium para os mais populares.

A melhor exposição das marcas é a vertical, com as versões Premium nas prateleiras superiores (vidro 500 ml, 250 ml, lata 500 ml e lata 200 ml).

Realize a exposição casada de azeites com bacalhau e com os ingredientes mais usados para o preparado deste peixe.

Pode-se também colocá-lo próximos a pizzas, vinhos, queijos, azeitonas, hortifrutis Degustação de pães pode ser uma boa estratégia para elevar as vendas da categoria.

Concentrado de Limpeza (Árvore de decisão)

1. Ambiente de Limpeza (cozinha, banheiro, entre outros)
2. Momento do uso (dia a dia, faxina geral)
3. Tipo de sujeira (gordutra, vidro, limo, madeira, entre outros)
4. Marca
5. Embalagem
6. Fragrância
7. Preço/ promoção

Lembrando que para maximizar resultados é crucial determinar as estratégias de categoria, pois estas impactam como o produto deve ser exposto!

Cara a cara com produto, como fazê-lo colocar, de fato, na cesta/carrinho? Considerando que o tempo médio para tomada de decisão de compras é de apenas 5 segundos?

Como a decisão do shopper leva em consideração variantes/ sabores, preço, marca, manutenção ou substituição/experimentação, a persuasão deve ser planejada levando em consideração ocasião de uso do produto, por quem será consumido o produto/serviço e, sobretudo, a árvore de decisão.

Não adianta apenas estar presente, é preciso efetividade no onde e como estar!

Estratégias mais comuns da categoria

Aumentar tráfego – Atrair o shopper à loja
Aumentar transação – Aumentar o tamanho da transação em valores
Gerar lucro – Melhorar a margem bruta da categoria
Proteger território – Defender vendas e participação
Gerar caixa – Aumentar o fluxo de caixa da categoria
Criar sensação – Gerar experiência
Reforçar imagem – Reforçar imagem desejada pelo varejista

Fonte: ECR - Gerenciamento por categoria

Compra em si

A quinta etapa trata-se do momento em que o shopper já com o produto na cesta de compra se dirige ao caixa, e/ou no mundo digital, no carrinho de compras, para pagamento, e deveria ter um resultado positivo com o processo.

Esta etapa, crítica ao varejo, leva em consideração, na loja física, a passagem do shopper pelo check-out, e envolve as filas, a eficiência ou não na leitura dos códigos de barra, o atendimento da operadora de caixa, empacotamento dos produtos, entre outros. E no digital, todo o processo, busca, escolha, comunicação, decisão e pagamento.

O avanço tecnológico vem permitindo inúmeras opções com vistas a melhorar a experiência de compra do cliente por toda a jornada.

Em relação, às filas, um exemplo de inovação são os *selfcheck-outs*. Neste equipamento, o próprio cliente passa automaticamente suas compras. A rede Muffato, por exemplo, investiu no equipamento como um serviço adicional ao cliente para agilizar o processo de saída do caixa.

AUTOCAIXA
GRUPO MUFFATO - Cascavel (PR)

Por Everton Muffato, diretor

O Grupo Muffato vem se destacando cada vez mais pelo seu pioneirismo e ino- vação, antecipando tendên cias e trazendo aos consumidores brasileiros o que há de mais moderno no mundo em termos de varejo. Exem plo disso, foi a implantação, em novembro de 2012, na loja da Madre Leônia em Londrina, do primeiro *selfcheck-out* do Brasil.

Foto do autocaixa instalado na loja
Alberto Folloni, Curitiba (PR)

Na rede, essa tecnologia ganhou o nome de autocaixa. O projeto levou cerca de dois anos para ser implementado, por conta das adaptações da tecnologia, que é importada, da legislação e das rotinas brasileiras.

O projeto levou cerca de dois anos para ser implementado, por conta das adaptações da tecnologia, que é importada, da legislação e das rotinas brasileiras.

A principal característica do autocaixa é a facilidade do cliente poder realizar todo o processo de compra sozinho. Desde a escolha dos produtos até a finalização do pagamento, que pode ser feito por cartão de crédito ou de débito. O autocaixa permite que ele passe as compras pelo leitor, pese os produtos, quando necessário, selecione a forma de pagamento e finalize a operação. O consumidor ganha agilidade, pois a operação é simples e rápida e não há filas na maior parte do tempo. E mesmo nos horários de pico, quando há mais pessoas aguardando, o tempo de espera é menor do que em um caixa tradicional. Estimamos que o autocaixa agilize em até 20% o atendimento, além de ser uma opção a mais para o consumidor administrar seu tempo e escolher a forma como quer ser atendido.

Também é importante ressaltar que o autocaixa não gera demissões, pois não dispensa o trabalho humano. Há sempre dois funcionários por turno. Um deles acompanha todas as operações realizadas nos quatro autocaixas da loja, através de um computador central, e outro é responsável pela orientação aos clientes.

A aceitação desse novo serviço pelo cliente superou as expectativas do Grupo. Consumidores de todas as idades e perfis aprovaram a novidade e não tiveram qualquer dificuldade de utilizar a tecnologia. Hoje, a rede disponibiliza o autocaixa em outras praças e várias lojas.

Outros varejistas também têm apostado nos autocaixas: "este modelo – pequeno e médio varejo. Segundo varejista de uma rede de quatro lojas de confeitaria "o cliente tem buscado cada vez mais agilidade, praticidade e os autocaixas oferece a ele esta conveniência, prorporcionando uma melhor experiência."

Outro tema crucial que temos que ter atenção especial trata-se do código de barras. Os códigos de barras que não atendem aos requisitos de qualidade podem trazer prejuízos para sua empresa, como os exemplos a seguir: imagem negativa do produto perante o cliente; ineficiência no PDV, causando a demora ou até a não decodificação do código; necessidade de digitação, o que pode causar erros; leitura errada, que gera informações incorretas e como consequência dados inconsistentes nos relatórios de venda e estoque.

Assim, atenção: busque eliminar qualquer tipo de problema de leitura antes que ela aconteça.

A VISÃO DA GS1 BRASIL

Por João Carlos Oliveira, presidente da GS1 Brasil

Nas últimas décadas, fomos testemunhas de uma revolução nos modelos de interação entre empresas e estas com seus clientes, pois, processos estão em constante mudança, em busca de ser sempre mais eficiente e superar as expectativas dos consumidores. Em parte, esta revolução foi causada por conta da implementação da automação em toda a cadeia de abastecimento. Vivemos um momento em que não se questiona mais se a automação é viável, pois sabemos que ela é fundamental. A automação aliada às inovações tecnológicas permite dar saltos de qualidade na arte de satisfazer e superar as expectativas do consumidor moderno. É de extrema importância que varejo e indústria continuem trabalhando e aprimorem a relação, em busca de novos produtos e serviços que lhes permitam ser sustentáveis em todos os aspectos, seja no presente ou no futuro.

Mundialmente o Sistema GS1 foi criado há 40 anos, no Brasil está presente há 30 anos, e durante este período a GS1 acompanhou a evolução tecnológica e principalmente trabalhou para atender as necessidades da cadeia de suprimentos e seus usuários. Foram desenvolvidos diversos padrões globais de identificação, captura de dados e compartilhamento de informações, que promovem a contínua inovação para o desenvolvimento e bem-estar da sociedade. Há diversos exemplos que poderíamos citar, mas vejamos dois. O padrão de identificação e a codificação de produtos (famoso código de barras do produto) permitiu ao varejo automatizar suas operações de check-out (venda) garantindo ao consumidor de uma só vez, redução de fila, de tempo, de erro entre outros.

Outro exemplo proporcionado pelo Sistema GS1 é a possibilidade de estruturar processos de rastreabilidade de produtos em toda a cadeia. Sabemos que a rastreabilidade ganhou força nos últimos anos, pois está ligada diretamente a qualidade e confiança esperada por qualquer consumidor no mundo em relação ao produto que consome. E a nossa expectativa é de um ambiente cada vez mais integrado e colaborativo, afinal, a busca pela eficiência e a superação das expectativas é um processo contínuo, pois desta forma todos ganham: fornecedores, indústrias, transportadores, operadores logísticos, varejistas e principalmente o consumidor final.

Entendemos que a GS1 Brasil tem muito a colaborar com este cenário, por isso, recomendo a utilização de todo potencial dos padrões e soluções GS1.

Não podemos esquecer, ademais, da peça fundamental e de grande importância neste processo de saída do *check-out*, a operadora do caixa. Sua função principal é a de registrar os produtos em um PDV, mas, em alguns casos, pode ter que pesar mercadorias, auxiliar o cliente a empacotar as compras e receber o pagamento dele.

Esta é uma das funções mais importantes no varejo, em que educação, cordialidade, disponibilidade, paciência, atenção, conhecimento e agilidade são essenciais. Afinal, é a operadora de caixa uma das principais figuras de relação e interação direta com o cliente. Por inúmeras razões, citadas pelos entrevistados pela Connect Shopper, por conta da falta de um programa rígido de recrutamento e seleção, baixa qualidade da mão de obra, pouca valorização destes profissionais, alta rotatividade, entre outros, não se consegue o resultado desejado.

"É uma luta diária identificar um profissional com perfil adequado (conhecimento, habilidade e atitude), capacitá-lo, engajá-lo e retê-lo.", diz o ex-presidente da Abras e do conselho-consultivo da entidade, Sussumu Honda. Mas o fato é que cada uma das etapas desta jornada que vai da necessidade à compra em si, é o que vai garantir a satisfação do cliente e fazê-lo voltar ou não, dependendo da experiência que ele tiver com você.

Mas esta história não acaba aqui.

A compra feita é avaliada sob dois aspectos essenciais: a experiência que o shopper teve com todo o processo de compra, que tem a ver com o atendimento das expectativas que ele teve com a loja (física ou digital) e a experiência que o usuário (que pode ser a mesma pessoa ou não) teve com o produto em si, pelo uso/consumo do mesmo.

Experiência de uso/consumo – pós- compra

A última etapa ocorre já fora do ambiente varejista, quando o shopper, agora assumindo o papel de usuário, fará uso/consumo do produto. Neste caso, a experiência a ser satisfeita refere-se aos benefícios que o produto entrega. Sejam benefícios funcionais e/ou emocionais.

O resultado desta avaliação é fator determinante para a continuidade do vínculo com o produto, com a marca e, até mesmo, com o varejista. É garantia da recompra e fidelização. Portanto, cuidar de cada detalhe nesta jornada do consumidor e shopper, com visão estratégica do cliente, com ações direcionadas e eficazes, são essenciais para promover uma melhor experiência de compra e consumo.

E é o resultado desta experiência de compra e consumo que fará o cliente voltar ou não. Daí, cada vez mais a preocupação de toda a cadeia do abastecimento em promover uma melhor experiência ao cliente.

É justamente sobre a experiência de compra que discutiremos no próximo capítulo.

UM CASO DE ENGAJAMENTO, CONVERSÃO E RETENÇÃO
Uma experiência ímpar - "me acostumei com você"
SUPER MERCADINHOS SÃO LUIZ, Fortaleza (CE)

João Severino Neto – presidente do Super Mercadinhos São Luiz

"O "Me Acostumei Com Você" retrata o foco que temos no cliente e que é, no bem dizer, uma característica que temos "desde nascença", na década de 70, com meu tio João Melo".

O slogan veio só em 1992, quando já tínhamos 20 anos no varejo, e foi criado pela nossa agência de publicidade da época, e a ideia foi justamente retratar essa proximidade que o cliente já tinha conosco, e que nós tínhamos com ele.

É uma relação mútua, que foi ensinada desde a primeira loja, através do meu tio, e que procuramos continuar repassando a todos os funcionários atuais. E é algo tão real, que utilizamos o slogan até hoje, mais de 20 anos depois de sua criação.

Assim, experiência em atrair, engajar, converter e reter o cliente a gente teve de sobra. Está no "sangue" da empresa. O que a gente tem feito nos últimos anos é apenas formalizar mais os processos, e adaptar essa nossa essência de atendi- mento às novidades que aparecem e aos montes, a cada dia, no mercado.

A gente costuma dizer que "gosta de gente", porque é assim que meu tio era, e foi assim que ele ensinou o São Luiz a ser. Era uma pessoa muito atenciosa com as necessidades dos clientes. Para você ter uma ideia, lá na década de 70, ele se preocupava em deixar as compras na casa daquele freguês que tinha dificuldade de levar. Dava água e suco aos visitantes para atenuar um pouquinho o calor do nosso Nordeste. Além disso, ele tinha uma pesquisa muito interessante, ia pela vizinhança e observava, nos lixos que ficavam na calçada, quais eram os sacos de lixo que vinham sendo usados.

Assim, ele percebia se aquela pessoa estava comprando no São Luiz ou em um concorrente. Se tivesse em um concorrente, ele ia até a porta, batia e perguntava onde poderíamos melhorar, para ele voltar. Assim, o nosso foco sempre foi buscar informações e transformá-las em ações que gerassem a fidelidade da clientela.

Hoje, a gente modernizou um pouquinho o que meu tio fazia brilhante mente desde aquela época.

Para o cliente que tem buscado agilidade, a gente está dispondo embalagens fracionadas, para que ele não precise pegar uma fila e pedir o fracionamento em um balcão. Ou então oferecemos para ele um e-commerce, para ele nem precisar sair de casa.

Para aquele que busca produtos diferenciados, a gente oferece um produto importado ou um produto local mesmo, mas que tenha um apelo forte com o cliente (como é o caso dos deliciosos molhos de uma famosa pizzaria de Fortaleza, que nós vendemos com exclusividade). Ou então, a gente oferece um curso de culinária com um dos principais chefs cearenses, que acontece dentro de nossa loja, a cada 15 dias.

E assim vai. Mas o principal é não deixar o feijão com arroz, que foi o ensinado pelo tio João: estar atento ao cliente – ouvi-lo, respondê-lo, conhecê-lo, ser amigo dele.

A gente, hoje, conta com várias ferramentas de comunicação, como e-mails, SAC, mídias sociais, etc. O importante é que, em todas elas, buscamos sempre manter essa linha de atendimento, ouvindo o cliente, buscando atendê-lo (quando possível) e, até mesmo quando não possível, respondê-lo e explicar as razões para isso.

Por isso, no fim das contas, o que ajuda a facilitar o processo de compra e estreitar o relacionamento é simples.

Mas, a nossa história sobre a jornada de compra não acaba aqui!

Jornada de Compra On-line

Assim como a jornada de compra em lojas físicas, **a jornada de compra on-line** é a trajetória que considera toda a experiência do cliente em cada etapa desde o surgimento de uma necessidade/ desejo/ problema, até o momento que ele toma efetivamente a sua decisão de compra e pagamento.

Normalmente, a jornada começa com pesquisas e termina com a escolha e compra dos produtos e/ou serviços de determinada empresa e pagamento. Vale destacar que o cliente digital está muito mais exigente e altamente conectado, então ele acompanha, curte e consome conteúdos, o que exige uma comunicação e ações personalizadas. Oferecer uma jornada de compra atrativa, prática, fácil, resolutiva faz toda a diferença.

E quais são as etapas da jornada on-line?

Em geral, segmentamos a jornada do consumidor *on-line* em quatro grandes etapas, a saber:

1. Aprendizado e descoberta
É o primeiro momento em que o cliente vai acessar sua marca/produto/ canal. Para tanto, você precisa ter ações bem efetivas para "gerar desejo", chamar atenção frente a tantas possibilidades e uma busca fluida e amigável.

2. Reconhecimento do problema
Desenvolver ações para inspirar o cliente a comprar. Reforçar a necessidade, a relevância em escolher e comprar, apresentar soluções que atendam suas necessidade de maneira efetiva, entre outros. Palavras de ordem: rapidez, agilidade, praticidade, simplicidade.

3. Consideração da solução
Momento em que o cliente já sabe que tem, de fato, uma necessidade real, e que sua "marca" pode oferecer a ele soluções efetivas, daí começa a avaliar a relação custo-benefício.

4. Decisão da compra
É o momento em que o cliente vai analisar as opções do mercado e finalmente decide em qual loja comprará. Aqui, você de ve desenvolver ações com ênfase a mostrar os benefícios e diferenciais competitivos, apresentando-se como a melhor alternativa.

Mantra do digital: loja prática, fácil, simples e resolutiva!

Atrair, engajar, converter e reter: Ai que desafio!

"Já tínhamos uma base bem estruturada e gerenciável, conhecíamos nossos clientes, estávamos aprendendo a nos relacionarmos com ele – pois é, tivemos que reaprender a nos relacionar com ele – já tínhamos executado algumas ações direcionadas com resultados positivos. Mas ainda tínhamos muitos desafios pela frente", contou Moacir. Como evoluir na atração e retenção de nossos clientes seria o tema principal a ser discutido pela diretoria na primeira reunião do ano de 2009.

3ª quinta-feira do mês – janeiro/2009.

"Demos um grande salto até o momento. As primeiras ações executadas permitiram reduzirmos de 60% o nível de abandonadores no primeiro semestre de 2008 para menos de 30% entre outubro-dezembro. Todos ganharam, nossas metas de retenção foram, inclusive, superadas. Parabenizo a todos e convido João para liderar esta reunião", disse Moacir na abertura da mesma.

"Como falou Moacir, já evoluímos, e muito, mas nosso foco inicial foram as ações de comunicação, exceção à criação da solução gourmet", disse João.

"Chegou o momento de irmos além. Pensar nas lojas, no sortimento e serviços, entre outro.", continuou.

"Por onde seguir? Quais os próximos passos? Deveríamos focar em ações para recuperar mais clientes perdidos ou nos focar em reter quem já era nossos clientes e aumentar o gasto destes clientes em nossas lojas?", eram as perguntas que surgiam de todos os lados.

Recuperar o cliente perdido exigiria um esforço muito maior e alto investimento e o retorno não era garantido. "Quero deixar uma dica aos leitores: lutem para não perder o cliente, é muito difícil e custoso recuperá-lo, se é que é possível", complementou Moacir.

A decisão da diretoria e do GTC foi por focar na retenção dos clientes atuais. "Tivemos várias sugestões sobre o que e como fazer. Desde repensar a sinalização e comunicação dentro da loja, a distribuição e organização das seções, revisão do *layout*, sortimento e capacitação da equipe. Mas, na prática, não chegávamos a um consenso e não sabíamos por onde começar", comentou João que estava liderando a reunião. O que fazer? Por onde começar? Eram perguntas que pairavam no ar. Até que André, diretor comercial, se recordou de ter visto uma palestra sobre comportamento do shopper e ações direcionadas em cada etapa da jornada de compra, de uma consultoria especialista no assunto, e sugeriu convidá-la para um *workshop* sobre a Jornada do Consumidor e shopper e ações práticas para convertê-los e retê-los. Todos estavam eufóricos. Seria possível melhorar a experiência do cliente e torná-los fãs? O *workshop* aconteceu em março com uma profunda discussão sobre comportamento do shopper, sua jornada de compra e quais os processos e planos necessários para direcionar ações em cada etapa desta jornada.

O *workshop* seguiu a linha da "cocriação" em que todos os presentes são instigados a participar. O objetivo, gerar ideias, *insights* para, ao final, traçar um plano de ação inicial.

"Mapear a jornada de consumidores e shoppers nos permite ter clareza e identificar que ações devem ser executadas, como, onde e em que momento", destacou a diretora da consultoria.

Alguns dos tópicos abordados no *workshop*, além da jornada: Quem são os nossos shoppers-alvo?

Quais são as reais oportunidades de influenciarmos e/ou alterarmos o comportamento atual?

Quais são os pontos de contato para gerar interação com o cliente?

Quais são a comunicação e ações mais adequadas para o segmento-chave? Quais as táticas de marketing e merchandising mais apropriadas?

Que parceiros estratégicos poderíamos adicionar? Etc.

"A consultoria depois do *workshop* consolidou todos os insights e argumentações e nos apresentou uma proposta de plano de ação com o objetivo de estruturarmos um projeto-piloto consistente", destacou Angela.

"Optamos por contratar a consultoria para liderar a execução do plano e o acompanhamento dos processos e elegemos João, diretor de operações, para ser o líder deste projeto específico. Embora todos os temas devessem continuar sendo tratado em âmbito do GTC", esclareceu Moacir.

O que fizemos?

por João, diretor de operações

1º Definir quem seria nosso público-alvo: optamos por focar o segmento 1 – nossos clientes de maior valor.

2° Identificar todos os pontos de contato (casa, rua e loja).

3° Mapear qual a melhor forma de interação com o shopper em cada ponto de contato e identificar necessidades, desejos que garantissem resultados positivos.

Neste aspecto realizamos uma pesquisa bem ampla sobre hábitos e atitudes, sobre avaliação e recomendações de melhorias.

4° Identificamos parceiros estratégicos, capazes de nos apoiar neste novo projeto.

5° De posse das informações, a consultoria reuniu o GTC, equipe administrativa e loja para um *workshop* geral para discutir os aprendizados atuais, identificar prioridades e desenhar e planejar as ações mais eficazes em cada ponto de contato com o cliente, considerando cada etapa da jornada de compra.

Assim, construímos um plano de ação bem profundo e detalhado de cada tema prioritário, especificando cada atividade a ser executada, as responsabilidades, metas e prazos.

6° Execução do plano. Muita coisa a fazer!

A primeira ação aprovada por todos era repensar e reposicionar o açougue. Afinal, era um dos setores com maior impacto negativo sobre o desempenho em 2008 e um setor de grande relevância para o negócio. No passado, nossos clientes nos escolhiam pelo açougue. Poderíamos dizer que era uma categoria-destino. Hoje, ao contrário, agora com a base atual de clientes consolidada, detectamos que 25% de nossos clientes do segmento 1 – muito importante para nós –, não estão comprando carnes em nossas lojas. Qualidade, sortimento, atendimento foram itens mencionados como não adequados na pesquisa de satisfação que realizamos, com nota 4 versus 6 da média geral. Bem, seria necessária uma revolução, apontaram as pesquisas. Rever estrutura, mudança nos equipamentos, ampliar sortimento, cuidar da aparência e qualidade da carne, atendimento, introduzir serviços adicionais. Não seria nada fácil.

Mas tínhamos que fazê-lo.

O primeiro passo foi solicitar ao GTC que reunisse o grupo com o fornecedor e a agência, arquiteto, equipe comercial, GC e a consultoria em shopper para juntos criarem uma proposta de nova área, considerando cada etapa da jornada de compra. Tínhamos que repensar toda a área considerando estrutura, *layout*, equipamentos, posicionamento, comunicação e sinalização dentro da loja, sortimento, serviços, atendimento para inspirar nossos clientes a comprar e também a rever a comunicação externa para gerar o desejo de nossos clientes a nos desejarem e a vir até a loja comprar.

Meu cliente não voltou, e agora? **151**

O projeto ficou simplesmente o máximo. Agora vinha o maior desafio: torná-lo realidade – executar na loja e engajar o time do açougue e da loja para ter o sucesso desejado.

Optamos por iniciar o projeto pela loja 1 – nossa maior loja, com um dos maiores fluxos de clientes, com o maior percentual de clientes do segmento 1 e com o maior índice de não compradores de açougue. Isolamos a área com uma comunicação bem interessante sugerida pela agência de "estamos trabalhando para entregar aquilo que você pediu, aguarde em breve nosso novo açougue". Essa ação gerou um tremendo alvoroço a respeito da mudança.

Graças a Deus, a obra com as inovações em toda a estrutura do açougue, layout, equipamentos, etc., foram entregues no prazo.

Nossa decisão foi por criar um novo posicionamento, com um ambiente agradável, aconchegante, prático. Inovamos, também nos produtos, com carnes de primeira linha e diferenciadas, introduzindo cortes especiais e exclusivos, entre outros.

O atendimento também foi foco da nossa ação. Além de um treinamento exaustivo com a equipe, atrelamos meta de satisfação do cliente aos bônus anual – aliás, este será um tema que o Pedro vai explorar quando falar da equipe no capítulo 7.

Paralelamente a isso, incorporamos a figura de um *expert* para esclarecer dúvidas sobre os diferentes tipos de carnes, sugerir os melhores cortes para as diferentes necessidades, dar dicas de como preparar certas carnes, receitas que podem ser preparadas pelo cliente, entre outros. Hoje, substituímos a figura do *expert* por um totem interativo que fica ao lado do açougue e que tem o mesmo propósito. É fato que alguns clientes dizem não gostar de lidar com a frieza da máquina.

Nossa maior lição desde que começamos e reaprendemos a estar mais próximo do cliente, ouvindo-o mais continuadamente, foi descobrir que o que faz a diferença é o calor humano, a atenção.

Isso para contar algumas das ações.

Para o dia do relançamento – que foi um show à parte – enviamos uma correspondência especial, inspirando nossos clientes a visitar a nova área. Após a experiência, realizamos uma pequena pesquisa via internet, através de um site gratuito de pesquisa para obter a avaliação dos clientes.

A nota de satisfação foi de 9 para praticamente todos os quesitos levantados – a pesquisa foi apenas sobre o açougue, reduzimos em 5 pontos percentuais o número de não compradores e aumentamos em 22% as vendas do setor.

O ano é 2023

Com a experiência incrível que a equipe teve com as ações da década anterior, ao entrar no mundo digital tudo funcionou com mais tranquilidade e efetividade.

Com todas as experiências vividas com a loja física, desde o planejamento até a implantação da venda *on-line*, todo o processo foi bem delineado e estruturado. Contrataram uma consultoria especializada e renomada para formatar o plano e todo processo.

Segundo Moacir, o sucesso foi ter investido em um time específico para o digital e uma consultoria parceira de negócios que apoiou todo o processo inicial e ajudou com a gestão por um período adaptativo.

Hoje, o digital já responde por 18% das vendas do Supermercado Volte Sempre, com a força do whatsapp e do compre e retire através do site.

Capítulo

6

A era da experiência de compra

Do sistema de escambo ao sistema de balcão, evoluindo fervorosamente ao autosserviço e mais recentemente à era da internet, ao *e-commerce*, aos aplicativos móveis. Quem poderia imaginar? O "varejo" a um *click*!

Sem dúvida um período marcado por uma imensa e intensa evolução e revolução na forma de se fazer varejo.

Grandes inovações no sistema de comercialização e distribuição, nas formas, técnicas e ferramentas de se fazer marketing, nos meios de produção em vários setores industriais (alimentícios, de embalagens, de logística), no processo de lançamento de produtos e serviços, no desenvolvimento de novas tecnologias e de novos equipamentos (para conservação de alimentos, transportes, exposição, etc.), na relação com o cliente, ações que, sem dúvida, propiciaram grandes melhorias nas condições gerais do abastecimento.

Cenário vivenciado por muitos

"A empresa cresceu, passou de barraca de feira para mercearia, depois para várias mercearias e, em 1959, foi firmada sociedade entre os cinco irmãos homens e fundada oficialmente a Empresa Popular de Alimentos (EPA), que na ocasião já tinha 18 lojas. Eu acreditava que a solução era a modernização das lojas. Meus irmãos achavam que eu estava querendo colocar uma metrópole dentro de uma cidade de interior."Mas aca baram dando o braço a torcer." Em menos de 20 meses, Levy Nogueira fechou algumas lojas que não podiam virar supermercado e as demais mercearias foram todas transfor madas em autosserviço. Assim nasceu a maior rede de supermercados de Minas Gerais, hoje com 94 lojas, presença em dois estados brasileiros (Espírito Santo) e faturamento de mais de R$ 2 bilhões. Fonte: *SuperHiper, dezembro/2012*

"Antes de ser autosserviço, a loja do pai de Sussumu Honda, ex-presidente da Abras 2008-2012, era um armazém de secos e molhados, quando no início da década de 1970 virou supermercado. O crescimento foi significativo e ganhou nova bandeira (Terra Nova) e chegou a oito unidades. No início da década de 2000, Sussumu se associou à rede Ricoy (hoje com mais de 70 lojas no Estado de São Paulo, interior, capital e litoral) e pôde se dedicar mais à função que ele já exercia há quase 20 anos: anos: a de dirigente de entidade de classe". Fonte: *SuperHiper, setembro/2012*

A única constante é a mudança! A evolução não pode parar! Seja aos olhos do cliente ou na visão de varejistas reconhecidos e conscientes de seu papel e do estágio de desenvolvimento, há muito por fazer.

"Infelizmente, o varejo não inova na mesma rapidez e proporção do consumo e do consumidor", *diz Levy Nogueira, presidente do Grupo DMA*

De acordo com Levy Nogueira, no ambiente mutável e altamente competitivo dos dias atuais, há mais lojas, mais metros quadrado do que gente. Segundo ele, no varejo alimentar, além das lojas de autosserviços auditadas pela Nielsen, e as que constam no Ranking da Abras, ainda há inúmeros canais de vendas de alimentos pelo País, há varejo tradicional, camelôs, e por aí vai. "Precisamos inovar, buscar diferenciais para atrair, e, sobretudo reter o cliente. E isso passa por oferecer a ele uma melhor experiência em nossas lojas", comenta.

"Nos dias atuais está muito mais complexo gerenciar o negócio e o maior desafio está na execução. É necessário muito mais agilidade, foco e efetividade nas ações. Disponibilizar o produto certo, garantir o abastecimento, um ambiente agradável, um atendimento adequado, comunicação e promoções claras e efetivas, tudo tem que ser muito bem pensado e executado", *Eduardo Severini, sócio-proprietário da rede Tenda Atacado*

Neste contexto, capturar a atenção das pessoas, influenciar suas decisões, conquistando um espaço na mente, no coração e no bolso tornou-se muito mais complexo e intenso. A busca por diferenciar-se em meio a um cenário de tantas opções e de mais fácil acesso passou a exigir novas posturas, atitudes, abordagens e ações de varejistas e fabricantes. Mais ainda quando se trata do varejo de gêneros de largo consumo e em setores em que a concorrência é mais acirrada.

"O que fizemos até agora foi essencial e supriu as necessidades básicas de abastecimento, precisamos avançar e dar o próximo salto que é o de sair da venda de produto [característica], para a venda de solução, para o atendimento de uma neces sidade", *salienta Walter Faria, ex-CEO do Grupo Martins e atual CEO da Pátria Investimentos*

Meu cliente não voltou, e agora? **157**

Esta nova orientação, na prática, tem como fundo a "fidelização do cliente". A fidelização, no sentido de estar sempre presente nas opções e nas decisões do cliente, ainda que divida o espaço com outros concorrentes. Esqueça o tempo da exclusividade. De acordo com estatísticas de mercado, o cliente frequenta vários canais e cadeias e compra diferentes marcas de um mesmo produto. A "mixidade" se dá por inúmeras razões: conveniência; disponibilidade do produto, tempo, recursos; momentos de uso/consumo; benefícios; compras de oportunidades, entre outros. E com a Pandemia, as ações se ampliaram.

Para se fazer presente nas opções e decisões do cliente, estabelecendo um relacionamento contínuo com ele, é necessário entregar mais do que um produto ou serviço. O que ele espera e quer de você, na verdade, é uma boa experiência de compra e de consumo/uso.

Estamos, portanto, na era da oferta de uma melhor experiência de compra e de uso/consumo.

A era da experiência de compra

Ao falarmos em experiência de compra e de consumo, nos deparamos com a necessidade de desenvolver todas as ações visando inspirar o cliente a desejar e escolher sua loja e ou sua marca. Este processo passa, sem dúvida, pela necessidade de promover uma boa execução. De acordo com Everton Muffato, diretor do grupo Muffato, inovação e criatividade são palavras-chaves nesse processo e há ainda um universo a ser explorado.

> "Inovação e criatividade são palavras-chaves nesse processo. Existe um universo imenso ainda a ser explorado, considerando-se as constantes mudanças de comportamento dos consumidores, cada vez mais exigentes e ávidos por novidades. Temos que estar atentos não apenas na conquista de novos clientes como na fidelização dos atuais. Infelizmente, ainda vemos empresas que investem apenas na conquista de um novo cliente e não faz absolutamente nada para retê-lo. Isso é muito comum em empresas de telefonia e de TV a cabo, por exemplo. O nosso grande desafio é conquistar novos clientes sempre, mas, principalmente, fidelizar aqueles que já estão conosco há tempos. Para isso, precisamos investir em campanhas de fidelização e em projetos que aperfeiçoem cada vez mais a experiência de compra de nossos clientes."
> Everton Muffato, diretor do Grupo Muffato

De acordo com Walter Faria, sem dúvida, é a boa execução e o bom atendimento que vão ajudar a gerar engajamento e retenção do cliente. São os grandes desafios da atualidade.

PALAVRA DE ORDEM DO MOMENTO: EXECUÇÃO!

GRUPO MARTINS, Uberlândia (MG)

Por Walter Faria – ex-CEO do Grupo Martins
e conselheiro de diversas empresas

A fidelização do shopper passa obrigatoriamente em desenvolvermos soluções que atendam suas necessidades e que proporcionem uma melhor experiência de compra. Isso, no entanto, só será possível com uma execução eficiente.

Algumas atividades básicas para evoluir neste processo:

1. loja bem abastecida sem rupturas das categorias principais, definindo o nível de serviço por categoria;
2. taxa de conversão por categoria, desenvolvendo plano para as categorias, destino, rotina, conveniência, sazonal e impulso;
3. plano de atendimento na loja, avaliando nível de satisfação do shopper;
4. plano para melhoria do tíquete médio, número de categorias vendidas, efetuando análise cruzada de categorias, como aumentar a incidência das categorias junto ao shopper;
5. Avaliar constantemente as promoções, resultados e impacto financeiro. Alguns pontos que sempre devem ser monitorados nas promoções, pois trata-se de investimentos: número de shoppers que compravam os itens promocionados, antes, durante e pós-promoção, valor do tíquete médio da promoção, número de categorias vendidas na promoção, valor faturado da categoria, margem contribuição em % e valor absoluto, fazer avaliação do retorno do investimento (ROI);
6. Monitorar o shopper e sua relação com a loja:

Taxa de repetição de compras Frequência de compras
Incidência das categorias, número de categorias compradas, Sobreposição de categorias mais frequentes
Identificar em quais outras lojas ou formatos o shopper se abastece das mesmas categorias
Market share da sua loja na área de influência do shopper.

Meu cliente não voltou, e agora? **159**

E a oferta de uma melhor experiência de compra e de uso/ consumo é, sem dúvida, uma excelente maneira de se diferenciar e criar vantagem competitiva. Cliente satisfeito gera vendas e pode gerar mais lucro. É a experiência que o cliente tem com sua loja, ou com seu produto, ou com sua marca, que determinará o grau de satisfação, a chance de ser recomprado ou não, o nível de recomendação e, consequentemente, a fidelização.

Embora agora esteja amplamente disseminado nos mais variados meios de comunicação e mídias, já em meados dos anos 1990 encontrávamos algumas manifestações e publicações relacionadas ao tema da experiência.

A Nielsen, por exemplo, em seu estudo "Desafios dos anos 90", já chamava atenção para o desafio de engajar e converter o cliente e comentava que a maior parte das decisões ocorreria, de fato, no ponto de venda.

O estudo, à época, já indicava a tendência de semelhança entre produtos de marcas diferentes, a influência do varejo sobre o comportamento do consumidor e que a decisão de compra passaria a ser tomada, no geral, no ponto de venda, em função dos atrativos oferecidos.

De lá para cá, as tendências se confirmaram e, inclusive, como já comentamos em capítulos anteriores, boa parte dos investimentos das indústrias na atualidade tem sido direcionada ao PDV. Mas o que, de fato, proporciona uma melhor experiência de compra ao cliente?

"Ações de marketing e comunicação, promoções, exposição e ambientação de loja, além dos programas de fidelidade, somado a sorteios de prêmios em datas comemorativas, como Natal e aniversário da loja, são algumas das ações que fidelizam o cliente, estabelecem uma relação de confiança com o consumidor e contribuem para melhorar sua experiência."

Carlos Correa, Superintendente da Apas,

E para quem quer começar, o que não pode faltar:

Ações básicas para promover melhor experiência de compra

- Clareza no propósito e proposta de valor;
- Conhecimento profundo das expectativas, anseios, necessidades e decisões do shopper e consumidor – além do perfil e comportamento. Entregar a ele o que se promete. Lembre-se que para aprofundar conhecimento, busque dados internos + dados de fornecedores + dados secundários + estudos e pesquisas de mercado e de shopper;
- Adoção de ações de marketing muito mais próximas do consumidor (participação, compartilhamento e interação) – Hoje se intensificou ainda mais a busca pela personalização;
- Transparência, autenticidade e veracidade;
- Arquitetura, ambiente, design, *layout*, aspectos visuais;
- Adoção de marketing e merchandising no ponto de venda orientado ao shopper;
- Oferta de soluções – gerenciamento de categorias e marcas;
- Utilização intensiva de tecnologia, para possibilitar qualidade nos serviços, rapidez na tomada de decisão, aumento da margem de segurança, redução nos custos, aumento da produtividade, redução e controle das perdas, informações mais rápidas e mais precisas sobre vendas, estoques, cliente e maior interatividade com o cliente, entre outros (Conexão, engajamento e interatividade);
- Treinamento e qualificação da mão de obra, de forma a levar cada funcionário a agir dentro do negócio como um pequeno empreendedor – engajar o colaborador;
- Obtenção de uma relação de parceria com fornecedores, o que permite contri buir para a redução dos custos em todos os níveis do canal de distribuição;
- Busca constante de aperfeiçoamento e um real gosto de inovar com forte orientação ao mercado e ao cliente;
- Operações sem falhas;
- #shoppercratizar: colocar o cliente no centro das decisões;
- Utilizar ferramentas, processos e métodos para personalizar o atendimento;

Meu cliente não voltou, e agora? **161**

- Ter agilidade em resolver problemas - foco em solução.

Na prática, é ter uma loja adequada, com um ambiente agradável ao público-alvo; é colocar nas prateleiras os produtos e serviços que realmente os shoppers-alvo queiram encontrar lá, com o posicionamento adequado, na quantidade necessária e no momento propício, bem exposto e sinalizado; é ter uma comunicação efetiva e inspiradora e que somada a uma equipe motivada, treinada e cativante seja capaz de influenciar, engajar e converter os clientes a comprar e estimulá-los a voltar sempre.

E no mundo digital, oferecer algo intuitivo, prático, resolutivo, fluído, inspirador e focar na entrega adequada, no prazo e, se o cliente precisar devolver, devolver facilidades. Temas estes que são mais mal avaliados pelo shopper.

O nível de serviço deixou a desejar...

Em estudos que realizamos com consumidores de todo Brasil, pela internet, em abril de 2021, sobre a avaliação deles em relação ao nível de serviço no mundo digital, a média geral foi nota 4 de 0 a 10. as maiores reclamações foram sobre atrasos na entrega, pedidos incompletos, itens trocados.

Mesmo em abril de 2023, a mesma pesquisa aplicada não ultrapassou o patamar médio de 6. Isto mostra que estes são os gargalos ainda a serem revistos pelas empresas.

PROJETOS PARA MELHORAR A EXPERIÊNCIA DE COMPRA DO CLIENTE
GRUPO MUFFATO, Cascavel (PR)

Everton Muffato, diretor do Grupo Muffato

"Há ainda muito a ser feito nesse sentido, já avançamos muito nos últimos anos, principalmente no que se refere às ações de trade marketing realizadas em parceria com as indústrias nos pontos de venda. Além disso, no caso do Grupo Muffato, estamos ampliando cada vez mais as conexões com o cliente, permitindo que ele interaja conosco de várias maneiras: contato pessoal, telefônico, redes sociais, eventos esportivos, sociais e culturais. Participamos ativamente das comunidades onde atuamos para estreitar as relações com os shoppers. No ano passado, lançamos nossa promessa de marca "faz bem feito", que envolveu nossos 10 mil colaboradores em torno de um mesmo objetivo: proporcionar aos nossos clientes uma experiência de compra única, fazendo com que eles se sintam verdadeiramente acolhidos e acarinhados pela empresa. Isso aumentou ainda mais o carinho e a relação de respeito e confiança que construímos com nossos clientes ao longo desses 40 anos de história.

Também estamos cada vez mais aperfeiçoando os diversos estímulos que compõem a experiência de compra, utilizando as técnicas de marketing e merchandising no ponto de venda para que o cliente se sinta realmente feliz durante todo o tempo em que permanecer em nossas lojas."

É crucial para proporcionar uma boa experiência ao shopper, **investir mais no relacionamento e na proximidade com ele. Ensiná-lo a perceber o valor** da sua oferta. Deixar muito claro para ele o que você quer entregar e fazê-lo de maneira adequada e consistente.

"Não podemos ser tudo para todos. Temos que ter muita clareza em nosso propósito, estratégia", *comenta Levy Nogueira, presidente do grupo DMA.*

Meu cliente não voltou, e agora? **163**

Ter clareza em sua proposta de valor e aplicá-la de fato! Sua proposta tem a ver com preço baixo, a exemplo dos formatos de "atacarejo" espalhados pelo Brasil, ou em outro extremo, oferta de produtos sofisticados, diferenciados com uma gama especial de serviços? O importante é clareza de proposta e consistência na entrega.

Mas, por falar em atacarejo, sr. Levy Nogueira, diz: "o grande crescimento veio pela grande inovação – abastecimento a um custo baixo – e foco em transformadores, hotéis, hospitais, um público até então não atendido com primazia".

Por isso, atenção, se o seu cliente vem à sua loja única e exclusivamente por atributos racionais como preço ou facilidade, cuidado. O mundo ideal é que ele goste de ir à sua loja, tenha prazer em estar lá, sinta falta.

Muitos se questionam, é possível falar de experiência de compra no varejo alimentar (que tem baixas margens, operação complexa, etc.), não seria mais adequado no varejo de moda, eletrônico? Exemplos não faltam, há um bem peculiar. Veja o depoimento de uma consumidora da rede VerdeMar de Belo Horizonte, em seu blog:

SAUDADE DE SUPERMERCADO. PODE?
Publicado em novembro 8, 2011 por Tina Moreno

Eu nunca pensei que fosse sentir saudade de um supermercado na minha vida. Quando mudei de Belo Horizonte para São Paulo achei que ia ter saudade do cabeleireiro, da manicure, enfim das coisas que a gente se agarra mais e que também proporcionam uma relação, digamos assim, mais íntima. Mas não, tenho tido ataques de saudade do Verdemar.

Para quem é de Belo Horizonte e conhece o Verdemar sabe do que estou falando. É um supermercado que nasceu de uma padaria e se tornou quase que um ponto de encontro.

Fomos clientes fiéis desde quando ele era peque ninho, íamos religiosamente todo sábado, sem compromisso com a despensa, mais para comprar as coisinhas para a noite, para ir para a cozinha e receber os amigos. Mais do que comprar, ir ao Verdemar era o atestado de um fim de semana feliz. Acreditem, era bom ir ao Verdemar!

Agora em São Paulo, evidentemente não faltam opções. Mas eu simplesmente não consigo reproduzir as sensações que tinha ao ir ao Verdemar, de gastar tempo olhando as coisas, experimentando sabores e encontrando pessoas. E o que mais me impressionou: meu filho outro dia enumerou as coisas que quer fazer quando formos a BH e entre elas está: ir ao Verdemar comprar pão de queijo.

Será que o Marketing de Experiência explica isso?

Extraído do site: http://tinamoreno.wordpress.com/2011/11/08/ saudade-de-supermercado-pode

De acordo com Levy Nogueira, a rede Verdemar consegue tudo isso, pois, além de saber explorar um nicho bem específico e que, no início estava abandonado, tem um sortimento ímpar e um atendimento caloroso e impecável.

O sortimento do Verdemar, inclusive, é um tema destacado por Sardinha, diretor comercial do Tenda, que diz: "se o cliente deseja comprar produtos de qualidade, diferenciado, pode ir ao Verdemar que vai encontrar um sortimento amplo e totalmente diferenciado. Além de marcas tradicionais, um complemento profundo e diferenciado que vai sempre surpreender. Em síntese, seja pequeno, médio ou grande, todos podem ter seu diferencial e oferecer uma melhor experiência para o cliente. Basta ter clareza na proposta de valor, conhecimento do cliente, foco e entrega adequados com a promessa.

E você, tem clareza em sua proposta de valor? Sabe por qual razão seu cliente escolheu sua loja? Descreva-a abaixo:

Proposta: _____

Razão da escolha: _____

_____

Meu cliente não voltou, e agora? **165**

CATIVANDO O CLIENTE
INTERIOR DE SÃO PAULO (SP)
Varejista com uma loja de 600 m²

Proposta de valor: oferta de serviços diferenciados ao cliente, além de um sortimento mais sofisticado, uma organização e ambientação de dar inveja, possui um atendimento diferenciado e impecável, sobretudo nos setores de perecíveis.

Açougue é uma categoria destino. E é tido como o melhor da região, de acordo com os moradores do bairro.

Para cativar o cliente, oferece café da manhã na loja no período das 7h às 8h30. No inverno, após as 18h oferece um cardápio de sopas e caldos: "aquecer o frio".

O preço médio praticado de acordo com pesquisas de mercado é, em média, entre 15% a 20% superior aos concorrentes.

O cliente acha caro comprar lá?

O mais impressionante, quando perguntado aos clientes sobre o que acham e/ou como avaliam o preço praticado, não há reclamações, nem insatisfação, ao contrário, a maior parte dos clientes, até comentam o fato de ter um preço diferenciado (não falam mais caro) mas, ao mesmo tempo, comentam sobre a entrega totalmente superior.

"Ah nossa, eles valem o que eles cobram" (jovem, classe AB)

"Adoro comprar lá, não dá para comparar" (dona de casa, 40 anos, classe B).

"Eles têm um cuidado especial com a gente, excelência nos serviços e produtos. A carne que eu compro lá, por exemplo, não encontro nem em varejos especializados" (senhora de 65 anos, classe C).

Ou ainda, o caso de um supermercado de Fortaleza (CE).

EXPERIÊNCIA DE COMPRA
Supermercado de Fortaleza (CE)

Sortimento diferenciado: Cliente gasta 70% mais na nova loja

Com 35 anos de mercado, um supermercado localizado no Ceará, associado a uma rede de negócios, comemorou bons resultados da filial inaugurada no final de 2011. Trata-se de uma loja moderna, com cerca de 800m² de área de vendas, focada na ação em experiência de compra do consumidor, sobretudo, das classes B, C e D. No mix, destaque para a variedade de produtos que agradam ao cliente gourmet, como vinhos, queijos, hortifrutis itens produzidos na padaria. Com mais opções de alto valor aregado no sortimento, o tíquete médio da loja ficou em R$ 38 — 70% superior ao padrão das demais filiais.

Supondo que seu cliente vá comprar temperos: ele tem clareza sobre o que vai encontrar? Onde localizar? E caso ele tenha dúvidas, a quem ele pode recorrer? O segredo é deixar muito claro ao seu cliente o que ele vai encontrar ao ir à sua loja, em termos de produtos e serviços. Facilitar seu processo de compra com informações relevantes sobre o que pode encontrar, onde e como. E, se possível, ir além e fornecer informações sobre uso, consumo dos produtos, dicas de receitas, entre outros.

> "Aqui na empresa nós usamos o modelo antigo de comunicar com o cliente, temos uma pessoa para conversar diretamente com o consumidor, para saber da sua satisfação ou insatisfação, e assim tentar resolver rapidamente. Quando você aborda o consumidor na hora e dentro da loja, e resolve o seu problema imediatamente, ou se ficar para depois dê um retorno rápido, este consumidor passa a ser um pouco mais fiel", diz *Adeilton Feliciano do Prado, presidente dos Supermercados Pag Poko (MS) e vice-presidente da Abras*

Vamos a um teste:
Como é o seu processo de fornecer informações ao seu cliente?
( ) possuo uma equipe pronta a solucionar problemas
( ) possuo uma equipe com autonomia para resolver questões do cliente, seja o que for
( ) tenho sinalização em cada corredor identificando as seções
( ) possuo sinalização de preço clara e eficiente
( ) possuo etiquetas inteligentes ( ) possuo totens interativos
( ) tenho uma pessoa em cada loja, responsável pela interação com o cliente

Quebre paradigmas e construa pontos de venda diferenciados.

Um dos temas bastante discutidos no momento nos eventos de varejo, globalmente falando, é "sair de ponto de venda para ponto de relacionamento", "espaços de convívio".

> "Se o seu varejo é agradável e produz uma experiência positiva, divertida, suas chances aumentam e muito".
> "Construímos uma área especial para lanches rápidos para promover este espaço de convívio e relacionamento", diz Adeilton Feliciano do Prado.

Ademais, as pessoas estão com tempo limitado, e escolhem como e onde investirão seu tempo. Seja uma opção.

"As pessoas exercem diferentes papéis na vida e têm como meta o equilíbrio entre estes papéis. Com o consumo não é diferente. O consumidor possui diferentes ocasiões e missões de compra. Estão sem tempo e de posse de muita informação. Escolhem, portanto, com maior propriedade onde investir seu tempo e dinheiro. Tempo virou uma moeda importante", *diz Olegario Araujo, cofundador da Inteligência360 e pesquisador do FGVcev – Centro de Excelência em Varejo da FGV EAESP*

Inspire os shoppers a comprarem. Cuide da arquitetura, dos aspectos visuais – mais de 80% de nossas percepções e decisões estão diretamente conectadas com o que vemos –, ofereça um ambiente agradável, aconchegante, boa organização da loja, layout adequado, sortimento e preços adequados, cuide da apresentação dos produtos nas gôndolas, tenha sinalização adequada e informações sobre o uso e/ou consumo do produto.

Estas são algumas ações que contribuem para ajudar e estimular o cliente a tomar decisão:

Dicas e Receitas – Sul
Um varejista do Sul do País começou a disponibilizar receitas sobre o uso de produtos, para ajudar o cliente a maximizar o uso dos mesmos. Nos setores de legumes e verduras, por exemplo, colocou receitas para usar cascas de bananas em bolos e tortas, etc. Adicionalmente, implantou um treinamento aos clientes sobre o consumo consciente.

Espaço nutricional - Giassi / SC
No Espaço Nutricional, a rede oferece dicas de nutrição, receitas saborosas e muitas informações e orientações sobre saúde.
As lojas levam aos clientes mais do que uma grande variedade de produtos de qualidade, oferecem ambiente e atendimento especiais para fazer das compras uma experiência mais agradável.
Fonte: http://www.giassi.com.br/espaco-nutricional.

Ruptura Zero - Shangai Frutaria (MS)
A empresa adotou uma política de atendimento personalizado que não deixa o cliente sem o produto desejado. A ruptura zero foi um projeto que mudou a relação do Shangai com os clientes. Caso o cliente procure por algo e não encontre na loja, a equipe imediatamente providencia e manda entregar em sua residência. Estive lá pessoalmente e o lema "Grude no cliente até que seus problemas estejam solucionados" é fato. Vale conferir!

Outro exemplo cativante foi a experiência que tive com o **Telha-norte Experience**.

Novo patamar de relacionamento com o consumidor no varejo da construção.

A Telhanorte colocou em prática um projeto inovador no varejo da construção, a fim de aproximar o consumidor da marca e materializar o slogan nas lojas: "Você Feliz é o Nosso Forte".

Alinhada às tendências de transformar lojas em ambientes de experiência para os consumidores, a Telhanorte inovou com o projeto Telhanorte Experience, cuja proposta é levar entretenimento, conhecimento técnico e, sobretudo, uma experiência mais rica de compras para toda a família. Quem assinou a ação foi a NewStyle, agência responsável pela estratégia de relacionamento e execução das ações.

Na prática, foram desenvolvidos jogos – como mosaico, argolas, gênius, memória – customizados para fornecedores que entraram como parceiros na iniciativa, como Suvinil, Lorenzetti, Llum Bronzearte, Deca, Eliane, Portinari, Sasazaki, Tigre, Vedacit e Eucafloor. O consumidor absorveu conhecimento técnico sobre o produto ou a marca, além de ganhar brindes por sua participação.

A proposta foi a de materializar nas lojas o slogan Você Feliz é o Nosso Forte. A partir de pesquisas, a Telhanorte detectou uma carência no varejo da construção de uma relação mais próxima com o cliente. O processo de compra é difícil e muito técnico, e que não acontece com muita frequência. Assim, o consumidor quer facilidade e deseja que a loja ofereça a solução completa mas também lhe proporcione uma experiência rica de compras. (Pablo Satyro, gerente de Marketing da Telhanorte para portal Eventos, publicado em 29 de outubro de 2013 -16h14).

Já para Alice Coutinho, sócia-diretora de Atendimento da NewStyle, na mesma reportagem: "o principal diferencial dessa campanha é a mudança de experiência de compra dentro de um canal bastante racional, com o objetivo de proporcionar um momento mais agradável para aproximar a Telhanorte dos consumidores e produtos parceiros. Trazer essa experiência de compra diferenciada atrelada aos produtos dos parceiros, estreitando o relacionamento com o público, rejuvenesce a marca e estabelece um novo patamar de relacionamento com o consumidor final

Fonte:
http://www.newstyle.com.br/noticias/granfeira-telhanorte-promove-experiencias-de-compras-com-o-consumidor/
Saiba mais:
http://www.revistaeventos.com.br/Marketing-Promocional/Telhanorte-Experience:-novo-patamar-de-relacionamento-com-o-consumidor-no-varejo-da-construcao
http://www.newstyle.com.br/noticias/granfeira-telhanorte-promove-experiencias-de-compras-com-o-consumidor/

Seguindo na busca de proporcionar de uma melhor experiência de compra é a oferta de novas combinações de exposição, a tão conhecida atividade de "cross merchandising". Também conhecida como a exposição conjunta de produtos complementares ou entrega de soluções ao cliente (exemplo: café, coador, garrafa térmica, açúcar), é uma técnica cada vez mais utilizada nos pontos de venda dos mais variados setores. Explora a exposição múltipla de produtos fora do ponto natural e tem como objetivo facilitar a compra e as decisões do shopper, estimulando a compra de outros produtos por lembrança ou impulso. Os benefícios são para todos. Ao shopper que tem sua vida facilitada pela entrega da solução completa. À indústria, já que o shopper pode comprar mais categorias da mesma marca/fabricante. E ao varejista, já que seu cliente amplia o número de categorias compradas e, consequentemente, o valor da transação em R$.

Como fazer um cross mais efetivo?

Para que seja efetivo, ele deve atender uma necessidade do cliente e, portanto, entregar uma solução desejada e adequada ao perfil de seu cliente.

Como a função primordial do cross é aumentar a rentabilidade da loja e potencializar vendas, avaliar quais os produtos que apresentam baixo giro e alta margem para correlacioná-los aos produtos de alto giro.

Um exemplo muito comum é ao lado do vinho expor saca-rolha, taça, decanter, entre outros.

Pag Poko – Campo Grande / Mato Grosso do Sul

Soluções para a colônia japonesa

Solução Churrasco

Só fique atento para não poluir o ambiente, e que os produtos expostos conjuntamente estejam, de fato, correlacionados.

Por meio de cores, luzes, sons, cheiros com o uso de essências, ritmos e interações, podemos estimular os sentidos humanos como requisito para se criar a experiência de compra. E embora a visão seja mais representativa, já que o ser humano, por natureza, é visual, vale estimular os demais sentidos.

Um exemplo: as tão famosas degustações

Supermercdo em Salvador (RJ)

Coop - Santo André (SP)

QUEM QUER PÃO
Varejo de João Pessoa (PB)

Uma pequena rede varejista da Paraíba, usando aromas de "pão assado", além de aumentar o fluxo da seção, aumentou em 18% o tíquete médio da padaria.

O tema principal é permitir a interação do cliente com os produtos/serviços. Cada vez mais, desenvolver ações para explorar todos os sentidos: visão, olfato, tato, paladar. As experiências se tornam marcantes e estimulam, inspiram o shopper a comprar mais e melhor.

DESPERTANDO OS SENTIDOS
SEPHORA, São Paulo (SP)

Com 2 lojas em São Paulo – Shopping Eldorado e JK – promove a experimentação e satisfação dos clientes. Para isso, dispõe de profissionais especializados prontos para atender e ajudar os clientes e permite experimentar o que quiser dos mostruários.

No setor de maquiagem, por exemplo, ao lado de cada estande tem espelho, álcool, demaquilante, hastes flexíveis e pincéis descartáveis para a cliente testar e corrigir sua maquiagem. Mas recentemente, lançou um aparelho que ajuda clientes a escolher perfume ideal.

A experiência é simples. O cliente escolhe um entre os quatro "estados de espíritos" do dia e faz os testes (casual, chique, viciante, entre outros). Em seguida, a pessoa sente seis diferentes tipos de odores que se encaixam naquela qualidade. O teste acontece através de funis, nos quais as pessoas aproximam o nariz após terem apertado o borrifador. Depois de escolher o preferido, ela clica na tela *touchscreen* o número do preferido e descobre qual é o perfume, com todas as suas informações de nota, embalagem, marca e preço.

Fonte e Veja mais: http://passandoblush.com.br/maquiagem/loja-sephora-no-brasil/

INOVAÇÕES TECNOLÓGICAS QUE CONQUISTAM
Billabong, Baureri (SP)

A Billabong, marca australiana fundada em 1973 e uma das principais representantes de esportes de ação e da cultura surf, trouxe um novo conceito de varejo para os clientes da loja e para a própria marca.

Congrega os insumos mais atualizados para o varejo multicanal, que se baseia no uso convergente de tecnologias da informação para melhorar a experiência de compra dos clientes e integra: interatividade, entretenimento, mobilidade, gestão, varejo social, relacionamento, prevenção de perdas, otimização de processos, enfim, experiência de compra diferenciada, tudo integrado em um único ambiente.

A tecnologia é um dos fatores críticos de sucesso para a Billabong. Em termos de mídia espontânea, o Estudo de Caso, denominado "Loja Inteligente", gerou mais de um milhão e oitocentos mil reais, mensurados por empresa especializada, a pedido da Billabong. O Caso foi contado em diversos canais de comunicação, como: TV (Rede Globo, SBT, TV Alphaville); blogs (mais de 32.000 divulgaram o caso); internet (cerca de 109.000 chamadas a respeito da Loja Inteligente); revistas (SuperHiper, Vitrine, Viva S/A, Vero Café, AMagazzine, entre outras); rádio (entrevista com Leila Navarro); jornais (RFID Journal, Valor Econômico, Metro, Diário do Comércio e vários jornais locais).

Fonte: http://www.vip-systems.com.br/case-loja-inteligente-billabong.php

Os exemplos e ações não param por aí. A criação das áreas gourmet dentro dos supermercados, com restaurantes e/ou espaços especiais para envolver e oferecer uma boa experiência para o shopper.

Ou ainda, a promoção de aulas de culinária, por alguns varejistas, ou também as áreas de games que permitem às crianças interagirem com o produto, testando, experimentando.

Meu cliente não voltou, e agora? **175**

> "A nossa loja está trabalhando muito forte a linha de perecíveis e semiprontos, e estamos partindo para a rotisseria, porque entendemos que o consumidor moderno está sem tempo para as refeições diárias. Geralmente são casais que trabalham fora, ou pessoas solteiras ou divorciados. É um mercado promissor, e estamos tentando ter na nossa empresa esses diferenciais, para atender esse público que acima de tudo é exigente. Estamos disponibilizando também a criação da lanchonete para refeições rápidas. Espero que desta forma possamos atrair e reter o maior número de clientes", – Adeilton Feliciano do Prado, presidente dos Supermercados Pag Poko/MS

DIVERSIFICAÇÃO E VISÃO ESTRATÉGICA DO MERCADO DO CLIENTE
PHILIPS, São Paulo (SP)

A Philips vem se diversificando e transformando seu portfólio com uma visão estratégica do mercado e do cliente.

De acordo com Cyro Gazola, à época, em 2014, SVP & general manager da Philips Consumo Brasil, o consumidor e seu estilo de vida passam a ser o centro das atenções e decisões na Philips. O objetivo maior é inspirar e incentivar as pessoas a viverem mais e melhor, e com o foco em migrar o seu portfólio de produtos para a área de saúde e bem-estar.

Com base em pesquisas de mercado e um profundo conhecimento do consumidor, a Philips Walita (uma das linhas mais importantes da Philips) busca inovar continuadamente e a oferecer o que, de fato, é relevante aos seus clientes.

Airfryer — Steamer

Multi-Cooker — Perfect Care

"Através de pesquisa, por exemplo, descobrimos que as pessoas compram mais quando os produtos têm um design semelhante e parecem parte de uma "família". E mais, quando possuem uma melhor comunicação na embalagem, uma exposição no PDV de acordo com a maneira como os consumidores decidem suas compras", complementa Cyro Gazola.

Inovações relevantes focadas nos mercados locais

Electric Pressure Cooker

Kitchen Machine

Ademais, a Philips, para se manter à frente, coloca o mundo digital como cerne da estratégia, permitindo diálogo e interações contínuas com os clientes através das mídias sociais Facebook, Google, Buscapé, LinkedIn, Twitter.

No Facebook, por exemplo, são quase 2 milhões de fãs no Brasil – a maior página de fãs nas categorias.

Para buscar a excelência foca em três pilares básicos

1. **Consumidores**
Trazer inovações significaticas ao consumidor/comprador tendo como base um marketing direcionado (menos é mais!) e fortes planos digitais como ponto de contato.

2. **Clientes**
Ter um processo de excelência na loja (distribuição/exposição/organização) Praticar eventos regionais e uma comunicação consistente.

Produtos com embalagens claras e forte atendimento ao consumidor.

3. **Canais & Clientes**
Plano de negócios conjuntos.

Serviço de Atendimento ao Cliente altamente consistente e com confiança Gerenciamento de *"supply"* e importações.

Gerenciamento por categoria.

Por fim, não menos importante, para promover uma boa experiência, torna-se vital uma operação sem falhas e, sobretudo, gente cativante, motivada e treinada.

Invista, portanto, para ter uma equipe que transmita a imagem de conhecimento e confiança.

É necessário que sua equipe saiba mais que seus clientes sobre os produtos que você vende. Precisam ser capazes de dar todo o suporte necessário para a melhor compra – "caminho para solucionar problemas" – e facilitar o processo de compra e de decisão.

Exemplo do que faz a Apple

"Genius bar" Apple estação localizada no interior de cada loja da Apple. Sua equipe altamente treinada tem como objetivo ajudar e apoiar os clientes sobre os produtos Apple.

Fonte: http://pt.wikipedia.org/wiki/Genius_Bar

Como engajar sua equipe neste processo? Este será o tema de nosso próximo capítulo

> **Vamos PRATICAR!**
> Identifique as situações nas frases abaixo que geraram Boa experiência e em caso não adequado, mencione qual seria a sua atitude:
>
> ( ) "Cheguei para comprar orégano e estava há alguns minutos em frente à gôndola sem localizá-lo. Um funcionário do supermercado prontamente me perguntou se poderia ajudar e localizou o produto pra mim."
> ( ) "Fui até ao supermercado comprar um molho pronto que estava anunciado no jornalzinho, quando cheguei ao caixa para pagar vi que o preço cobrado não era o do anúncio."
> ( ) "Perguntei sobre um produto para um funcionário da loja e ele foi comigo até a seção e me ajudou a encontrar o produto que eu necessitava".
> ( ) "Estava fazendo bolo e percebi que não tinha o fermento em pó, fui ao mercado do sr. Joaquim buscar, mas cheguei lá, não tinha o produto".
> ( ) "Fui comprar umas coisinhas no supermercado e aproveitei para comprar uma vassoura, mas, na saída, ao tirar uma dúvida no balcão de atendimento, esqueci a vassoura lá. Só fui lembrar quando cheguei em casa. Voltei ao balcão de atendimento e a atendente me disse que não tinha visto nada. Mostrei o tíquete de compra e tudo, mas ela disse que não poderia fazer nada."
> ( ) "Comprei carne certo dia e quando abri a embalagem o cheiro estava horrível. Voltei ao supermercado e sem questionar a atendente trocou pra mim."

Dicas para o pequeno e médio varejo causar o efeito UAU!

1. Identifique o cliente-chave;
2. Tenha clareza em sua proposta de valor. Oriente-se pelo seu cliente-chave.

Você conseguirá o efeito Uau! se a sua loja entregar aquilo que seu cliente deseja, ou seja, espaço que o deixe à vontade e inspire-o a ficar mais tempo lá.

Meu cliente não voltou, e agora? **179**

Se o foco de seu cliente é preço baixo – vale abusar nas cores, volume de produtos, prateleiras cheias e altas, agressividade na comunicação de preço, pilhas promocionais. Se, no outro extremo, o foco é experiência única – é apostar em um ambiente e serviços diferenciados e com um atendimento exclusivo, que faça o cliente se sentir único e especial. Certo varejista aqui do Brasil tem disponibilizado um serviço de personal shoppers que acompanha os clientes VIPS para auxiliá-los no processo de compra e nas escolhas das marcas e produtos que mais se adequam às suas necessidades;

3. Cuide de seu mix, ele deve estar orientado ao cliente. Variedade e qualidade são cruciais. Lembre-se 60% dos resultados de um varejista estão atrelados ao mix ideal.

Se possível, surpreenda o cliente, introduzindo algum diferencial. Saia do padrão. Quebre a monotonia.

Voltando ao exemplo – foco em preço – poderia ter uma ambientação diferenciada em alguma seção relevante (iluminação, equipamentos, exposição);

4. Organize sua loja de acordo com sua proposta de valor e orientada ao seu cliente-chave. Leve em conta momentos de uso e consumo. Avalie qual a jornada de compra mais fluída e adequada para a exposição dos produtos, qual a hierarquia de decisão do shoppers (a árvore de decisão);

5. Valorize as áreas essenciais para o cliente. Qual a razão de seu cliente escolher você? O que o levou à sua loja? Que produto/seção é destino? Ele te escolheu pelo açougue, por proximidade, conveniência, pelo hortifrúti, padaria? Essa seção tem que ser destaque;

6. Limpeza e higiene são pilares essenciais. O cliente não abre mão em qualquer circunstância;

7. Cuide da ambientação, da exposição e arrumação dos produtos. Oriente-se pela árvore de decisão do cliente – como ele escolhe/decide as compras.

Atenção à forma (como) e local (onde) para expor os produtos Use e abuse das soluções (com orientação às necessidades de seu cliente-chave). A ideia do "cross-merchandising" é a de facilitar

180

a vida do cliente, agilizar o processo de compra e de decisão, embeleza o ambiente e traz venda adicional, pois impulsiona o consumo de itens que poderiam ser esquecidos;

8. Cuide da iluminação. Novamente, volte à sua proposta de valor: Você quer economia? Iluminação econômica e branca. Ou você quer ambiente diferenciado? Iluminação mais quente. Há muitas opções que permitem diferenciar seções/produtos, direcionar luz para áreas específicas;

9. Cuide das demais seções com carinho. Lembre-se que cada seção – Mercearia Seca, Bebidas, Higiene e Perfumaria, Limpeza são únicas e, portanto, requer cuidados e atenção particulares. Em Bebidas, por exemplo, lembre-se de segmentar a seção nos diferentes grupos: refrigerantes, águas, chás, sucos, destilados e fermentados. Novamente reforço, sair de vender produtos para entregar SOLUÇÕES ao cliente. Considerar as necessidades que o cliente quer atendidas;

10. Cuide de cada espaço da loja – retaguarda, balcão e frente de caixa.

Vale a pena investir?
Uma reforma bem planejada (considerando cada detalhe, inclusive, planejamento financeiro) e executada proporciona um aumento entre 30% e 40% nas vendas.

Mas atenção:
Avalie a viabilidade do negócio.
Contrate uma consultoria especializada em planejamento financeiro e obras.

Fique de olho
Em resumo, promover uma melhor experiência ao cliente envolve todos os aspectos relacionados com o processo de compra e com o ambiente da loja.
Devemos cuidar de cada detalhe:
• Da arquitetura e *layout* da loja, visando a otimização e organização da loja Alocação de espaços;
• Materiais utilizados e Planograma;

Meu cliente não voltou, e agora? **181**

- Produto, variedade, qualidade;
- Precificação;
- Setorização, disposição, exposição;
- Comunicação e visual, envolvendo ações de marketing e merchandising, sinalização;
- Operação, considerando funcionamento da loja, higiene e limpeza, agilidade nos caixas, condições dos equipamentos
- Interação, tecnologia, estímulos sensoriais;
- Equipe.
- Serviços envolvendo todas as facilidades, conveniência, o conforto, a exemplo, de temperatura, iluminação, entre outros.

O efeito Uau! do Volte Sempre

"Estávamos encantados com os resultados iniciais. Das interações iniciais via mala direta à virada do setor de açougue, tudo muito consistente e com resultados expressivos", Moacir e seus irmãos comentaram.

Moacir tinha participado de um congresso internacional que dizia que o mercado exigia reformas do ponto de venda em períodos cada vez mais curtos.

"O tempo de vida médio de um conceito de loja hoje não passa de cinco anos", disse o arquiteto Julio Takano. E acrescentou: "ao longo desse período o que se faz é trocar a pintura, trocar o visual merchandising, algum mobiliário para dar mais longevidade ao conceito".

E agora o que fazer? De um lado, o *roll out* do açougue para as demais lojas. De outro, as pesquisas apontavam a necessidade de modernização, inovação, tornando a loja mais atraente, aconchegante e, em especial, com um padrão de operação único – ao menos o básico padronizado.

"Ora venho aqui e ora no bairro X e parece que estou em outra empresa. Por que isso acontece?", interrogou mulher de 45 anos, classe B.

"Se não fosse pelo logo e fachada, nem poderia imaginar que essa loja era do Volte Sempre", disse homem de 52 anos, classe B

"E de verdade, há mais de 15 anos não reformamos nossas lojas", argumentou Moacir.

"Reforma?", o diretor financeiro na reunião de planejamento 2010, quase surtou.

Pensando no custo da obra.

"Resolver esta equação foi crucial. Exige considerar não apenas o dinheiro reservado no caixa, mas qual o objetivo do novo projeto."

Foi uma longa e estressante reunião. Dali saiu uma orientação para a equipe de expansão, financeira e operação estudar as viabilidades técnicas, financeiras e operacionais e apresentar as recomendações em 15 dias.

Prazo era muito apertado, era o que estava estampado na cara de todos ali presentes. Mas o tempo corria. 2010 estava ali.

O trabalho foi árduo e muito bem executado. O grupo, que incluía também a equipe do GTC, para não deixar a visão cliente de fora do projeto, apresentou todas as fundamentações necessárias para a diretoria tomar a melhor decisão, inclusive, com a recomendação da loja. O estudo incluía aspectos relacionados ao mercado, cliente e concorrente, potencial de consumo, análises internas, todas as viabilidades solicitadas, custos, prazos, entre outros.

Atenção: o preço por metro quadrado pode variar muito de acordo com a região, materiais utilizados, perfil da loja, mão de obra, entre outros.

"Optamos por fazer a reforma com a loja funcionando, o que exigia um planejamento maior e uma execução por etapas. Sem dúvida, isso encareceu um pouco o projeto e aumentou os prazos de execução", comentou a diretoria.

"Para o projeto consideramos, além da reforma física, um plano de ação para cativar e encantar a clientela a fim de desenvolver um conceito de loja totalmente conectado com o que a marca queria entregar". "Isso foi fundamental", reforçou.

"Consideramos ainda investimento adicional em marketing para o relançamento." Outra decisão importante é sobre qual o período adequado.

"Escolhemos fazer a reforma entre os meses de junho/julho, priorizando o período noturno. Período de início das férias escolares, no qual muitas de nossas famílias viajam e, quando temos um menor fluxo de cliente". "E, também, época em que há maior disponibilidade de fornecedores e mão de obra disponível para reformas".

É necessário, portanto, muito planejamento e uma execução rigorosa, com garantia de cumprimento de prazos.

"Transformamos nossa loja."

"Tornamos relevante o que era relevante aos olhos do cliente. Destacamos o que o cliente desejava. Para as categorias destinos como açougue, hortifrúti, linha gourmet, por exemplo, revisamos e ampliamos o sortimento, demos mais espaço e destaque, diferenciamos exposição, gôndolas, comunicação, entre outros".

"No tocante à sinalização, definimos um padrão único, cuidando das cores, letras, mensagem". "Neste aspecto, relembro do tema da sinalização do caixa rápido. Em cada loja, uma sinalização diferente. Caixa Rápido, até 15 volumes, 30 volumes. E assim por diante".

Nos primeiros 15 dias após a reforma, as vendas já apresentavam crescimento da ordem de 40%, tamanho foi o impacto causado pelo novo visual, pelas ações de marketing, mas, sobretudo, por cuidar de cada detalhe da jornada de compra do cliente. Mas, o maior desafio ainda estava por vir. Não é possível sustentar o engajamento e satisfação do cliente, sem, antes engajar o time, comprometê-lo neste novo modelo de negócio.

Esta seria uma longa e dura batalha. Acompanhe no próximo capítulo.

Meu cliente não voltou, e agora? **185**

O ano é 2023

Após todas as ações realizadas nas lojas físicas e com a entrada no digital, a grande questão passou a ser como e por onde crescer.

Moacir, acompanhando os eventos do setor, ouviu sobre o "ecossistema" de varejo, ou seja, sobre o varejo ampliando seu negócio, agregando em sua loja, serviços e soluções diferenciadas.

Assim, contratou uma empresa de arquitetura e design especializada no tema ecossistema para a construção de uma loja conceito, trazendo uma série de experiências imersivas dentro da loja, explorando o universo da gastronomia, adotando uma curadoria incrível para seleção de soluções, serviços, produtos e marcas.

Hoje contam com uma adega com mais de mil rótulos, peixaria, padaria, mundo oriental. O tíquete médio aumentou de R$58,00 para R$138,00.

Capítulo

7

Não se faz varejo sem gente

Segundo a National Retail Merchants Association, 68% dos clientes fogem das empresas por problemas de postura no atendimento. *(Fonte: http://intertemas.unitoledo.br/revista/index.php/ETIC/article/viewFile/2542/2066)*

De um lado, a escassez de mão de obra qualificada, a alta rotatividade (turnover superior a 40%), de outro, uma série de carências do próprio varejo que acabam por dificultar ainda mais a relação. A saber:

1. Indefinição do conceito de serviços e bom atendimento;
2. Inexistência de uma política clara de serviços;
3. Ausência de um padrão de atendimento;
4. Faltam processos;
5. Carência de um perfil adequado para o profissional de atendimento;
6. Falta adequação do perfil do colaborador à área;
7. Inexistência de comunicação clara e sistemática;
8. Ausência de metas, controles, *feedback* e *follow up*;
9. Faltam programas consistentes e contínuos de treinamento e qualificação de pessoal.

De acordo com Levy Nogueira, presidente do Grupo DMA, o varejo depende de gente, para atender gente. "E isso, o torna tudo muito mais complexo e vulnerável. O jargão "o varejo recruta mal, paga mal", a mão de obra é de baixa qualidade e de baixa qualificação, o *turnover* é elevado, o que nos tira a eficiência operacional e eleva os nossos custos, é uma realidade, mas não podem ser desculpas para não fazermos diferente.", diz Nogueira, complementando que: "Os clientes querem e precisam de mais atenção, de dedicação, de alguém para ouvi-los e ajudá-los. Dependemos de nossa equipe para proporcionar esta interação de maneira adequada. Mas é o nosso papel informá-los, capacitá-los, treiná-los, orientá-los e engajá-los neste direcionamento".

A fim de obter clientes satisfeitos, a rede Stew Leonard adotou em sua filosofia de gestão o lema: "Cuide bem do seu povo e ele por sua vez, irá cuidar bem de seus clientes". É esta filosofia que ajudou a empresa a estar no ranking da revista Fortune "100

Melhores empresas para Trabalhar na América", durante os últimos nove anos consecutivos (*Fonte: http://www.stewleonards.com/about-us/company-story*).

O PAPEL DA EQUIPE
REDE MUFFATO, Cascavel (PR)

Everton Mufatto – diretor do Grupo Mufatto

Não se faz nada sozinho. O engajamento de todos é imprescindível para o sucesso de qualquer ação, projeto, campanha ou nova ideia que se queira implantar. Assim, é primordial que as equipes envolvidas nessa missão de aperfeiçoar a experiência de compra do consumidor estejam focadas e motivadas para fazer dar certo. Cada membro da equipe tem papel fundamental nesse processo, no qual empenho, dedicação e união de esforços são primordiais para que os objetivos sejam alcançados.

A verdade é que este tema é de extrema relevância e não é de hoje que tem sido pauta contínua de discussões dos congressos varejistas no mundo todo.

Já no início dos anos 90, Michael O'Connor, especialista mundial em varejo e consultor do Food Marketing Institute (FMI), dizia que para o Brasil não ficar atrasado em relação aos países de primeiro mundo (no ramo supermercadista), seria extremamente necessário que fossem feitas mudanças na condução do negócio. Os desafios seriam investir em treinamento de forma a fazer com que os funcionários dessem o melhor de si; mudar seus sistemas administrativos, levando seus funcionários a se sentirem parte da organização; engajar a equipe e ter uma orientação real para o cliente, temas mais criticados pelo consultor.

Quase 20 anos depois e os desafios se mantêm. Segundo Levy Nogueira, "no geral, as empresas não são, de fato, orientadas ao cliente. Como consequência, não há políticas nem processos claros e há pouca capacitação e orientação da equipe com este foco no cliente".

Meu cliente não voltou, e agora? **191**

Equipe despreparada, desmotivada, infeliz impacta na retenção, elevando os índices de *turnover*. O resultado não poderia ser diferente, cliente mal atendido e insatisfeito.

FALE COM O PRESIDENTE
REDE TENDA – Guarulhos (SP)

Fernando Bara, conselheiro do Tenda Atacado

De nada adianta uma ação de relacionamento para trazer o cliente para loja se quando ele chegar não tiver um momento de compra agradável. Assim, reforço o pilar de engajamento, capacitação, formação e informação da equipe." "Temos que trabalhar forte com os gestores de maneira sistemática, constante para que sejam capazes de permear para toda a equipe os valores da empresa e o foco no cliente. Mas lembre-se, a prática vem de exemplos. Aqui, por exemplo, disponibilizamos uma linha direta "fale com o presidente", pela qual os colaboradores podem falar abertamente, dar sugestões, fazer críticas.

Mas atenção, as considerações precisam ser ouvidas e, dentro das possibilidades, executadas. A equipe precisa perceber e acreditar que a empresa vai efetivamente olhar as manifestações, avaliá-las e retornar com uma ação, ainda que para explicar porque não será possível praticá-la.

Engajar a equipe é a soma de várias ações para fazer os colaboradores perceber o valor para a empresa e para ele próprio.

Se não trabalharmos forte, focados nas pessoas, não seremos capazes de satisfazer o cliente.

Afinal, o que uma equipe desmotivada, despreparada irá transmitir ao cliente?

Como serão as interações entre ambos? Já pensou nisso?

Segundo Levy, em uma situação normal a coisa até anda bem, mas diante de uma situação específica, a equipe se perde, não sabe como agir e, em geral, age de maneira totalmente equivocada.

Imagine a seguinte situação: Cliente compra um vinho de

R$ 200. No dia seguinte volta à loja com a metade da garrafa, dizendo que achou muito azedo.

O que você faria ou sua equipe? Qual seria o procedimento ideal?

No caso em questão, o encarregado questionou o cliente, discutiu com ele por ter retornado com a garrafa pela metade e disse não poder fazer nada.

De quem é o problema? Do encarregado?

"Na prática, a grande questão é que nós fazemos uma pressão tão violenta sobre a equipe por resultados de vendas e redução de perdas, por exemplo, que esquecemos de voltar nosso olhar pela ótica do cliente: atender melhor, cativá-lo, e consequentemente vender mais. Os ganhos serão maiores, sem dúvida", reforça Levy.

Pois é, os desafios são grandes e exigem desde mudanças na cultura corporativa, processos mais rígidos de recrutamento e de seleção, orientados ao público-alvo. Um programa contínuo de treinamento, capacitação, comunicação sistematizada e eficiente, delegando poder para tomada de decisão, até processos e políticas consistentes e programas de engajamento, retenção.

Veja o que diz Atanazio dos Santos Neto, diretor do Angeloni:

"Foco no cliente é fator essencial para uma empresa prosperar. Sobretudo, porque ao considerar o cliente como foco, a empresa passa a trabalhar em torno do que o cliente deseja comprar, e não do que a empresa deseja vender. Isso parece óbvio, mas nesse terreno há sempre muito discurso e pouca prática. Olhar o cliente como cultura corporativa é investir em iniciativas de longo prazo, influenciar culturalmente o funcionário, entendendo que a eficiência junto ao cliente está ligada ao nível de importância que a empresa aplica no relacionamento com o seu colaborador, é resgatar a importância da individualidade, visto que o cliente é único no momento da compra, não importando quantas pessoas você já tenha atendido naquele dia. Estamos na Era do poder nas mãos do consumidor e não das empresas. Focar no cliente requer ousadia e convicção corporativa."

Meu cliente não voltou, e agora? **193**

Mas, podemos começar por coisas simples, pequenos gestos, como criar e implementar padrões mínimos de bom atendimento, políticas de engajamento, entre outros.

Voltando ao caso do vinho. Na sua empresa, por exemplo, você tem uma política para troca de produtos?

Na empresa de Levy foi criada a "troca fácil" que ajudou e muito este processo. Levy dá outra boa dica: "Treinar, capacitar e implementar políticas de meritocracia, com mecanismos e processos para valorizar e premiar quem faz bem, além de adotar uma política de retenção. O colaborador precisa se sentir prestigiado, se não como vamos retê-lo?" E enfatiza: "quem não sabe reter funcionário, não sabe reter cliente".

PEÇA-CHAVE NA RETENÇÃO DE CLIENTES
DMA/EPA – Belo Horizonte (MG)

Levy Nogueira – presidente do Grupo DMA

Para engajar a equipe, criamos reuniões semanais dentro da própria loja – inicialmente era liderada pelo meu falecido irmão, um humanista sem igual – em que apresentávamos resultados, destacávamos o funcionário do mês, entre outros.

Ademais, incorporamos um sistema de premiação no qual todos passaram a receber uma porcentagem de salário como bônus quando os resultados eram atingidos. Este programa demorou uns três anos para atingir a todos, mas chegamos lá.

O funcionário está conosco, dentro de casa, portanto, temos gestão sobre os mesmos, assim é muito mais fácil administrar o seu engajamento e retenção do que de nossos clientes.

Ele é peça-chave na retenção do cliente.

A verdade é que qualquer deslize, principalmente, em termos de atendimento – cordialidade, disponibilidade em ajudar, resolver problemas –, pode impactar de imediato os resultados da empresa. Das experiências negativas, 70% referem-se a um mau atendimento.

De acordo com Pesquisa da Connect Shopper, mais de 50% dos clientes dizem ser o mau atendimento o problema mais grave que os fazem não voltar. Em segundo lugar vem a desorganização e limpeza da loja, seguido por ruptura (não encontrar produtos ou marcas desejadas). Preço aparece na sexta posição.

"Na minha visão, o grande diferencial que faz o cliente escolher uma determinada loja é o atendimento. E, sem dúvida, na maioria das vezes que o cliente vai embora e não volta foi devido a um atendimento falho. A falha pode estar na falta de um produto, ou em um mal serviço executado, na ausência de respostas adequadas, na não solução de um problema, na lentidão da resposta, entre outros", corrobora Eduardo Severini, ex-presidente da Associação Brasileira de Distribuidores e Atacadistas (Abad). O fato é que, as demandas atuais exigem profissionais cada vez mais qualificados, com atitudes e habilidades diferenciadas, capazes de relacionar na sua rotina diária a estratégia da empresa com o mercado, comportamento e decisões dos clientes, ações da concorrência, entre outros.

E ser uma empresa com orientação e foco no cliente vai exigir uma mudança significativa de postura, atitude, comportamento, de todos.

Meu cliente não voltou, e agora? **195**

> ## PARA ENGAJAR O CLIENTE, ANTES TEMOS QUE TER ENGAJADO A EQUIPE.
> ### REDE ZONA SUL – Rio de Janeiro (RJ)
>
> Fortunato Leta, presidente Zona Sul
>
> Fomos pioneiros em criar um plano de participação dos funcionários (há mais de 25 anos). Todos os colaboradores, desde o operador de caixa, empacotador, presidente, participam e dentro dos mesmos critérios.
>
> Para chegarmos aos resultados avaliamos oito indicadores. Dentre eles, temos justamente a pesquisa de satisfação de cliente.
>
> Esta pesquisa é realizada semestralmente (são 100 entrevistas por loja). Na pesquisa avaliamos inúmeros quesitos que envolvem as etapas da experiência do cliente conosco: a loja em si, instalações, ambiente, a qualidade dos produtos e serviços, as interações e ações que realizamos e, sobretudo, o atendimento.

Todos devem ser envolvidos e comprometidos com este objetivo. Daí a importância de ter clareza em sua estratégia e posicionamento, e comunicar de maneira efetiva, engajando seus colaboradores com este propósito. Ter consistência e coerência entre o que se promete e o que se entrega. Ter políticas e processos definidos sobre conduta, entre outros. E, sem dúvida, treinar e capacitar os funcionários para pensar e agir com este foco.

Imagine a seguinte situação!

Dona Maria foi até a sua loja comprar caldo de carne. Seu Antonio (funcionário da loja), que está passando pelo local, nota que D. Maria está aflita, parece perdida, procurando algo sem encontrar...

O que deve fazer sr. Antonio? O que é ter uma atitude orientada ao cliente? _____

_____

_____

Sr. Leonardo perguntou para o empacotador onde encontraria palito de fósforo.

Qual a atitude adequada?

(   ) o empacotador pede para Leonardo perguntar para o encarregado da seção

(   ) o empacotador explica para Leonardo onde fica o produto

(   ) o empacotador vai com Leonardo até o setor e ajuda o mesmo a encontrar o produto

Note que tanto a segunda quanto a terceira alternativa oferece ajuda ao cliente. Porém, qual das duas oferece, de verdade, uma melhor experiência de compra a ele? Sem dúvida, a terceira opção gerou maior impacto positivo na experiência de compra do cliente, que, com certeza, ficará impressionado e se lembrará disso em todas as suas decisões. Esta loja estará na lista de preferência.

A verdade é que um cliente satisfeito tem mais chance de se tornar um cliente fiel e escolher você dentre as inúmeras opções que ele possui.

Conforme já discutimos, a boa experiência de compra envolve: o produto, o ambiente, preço, todas as influências que o shopper tem em sua jornada de compra, incluindo o atendimento e o relacionamento que ele terá com você em todos os pontos de contato (telefone, e-mail, SAC, atendimento pessoal, loja, etc.).

O SAC, por exemplo, em uma empresa com visão estratégica no cliente, passa a ser totalmente ativo, a equipe precisa ter autonomia para rapidamente resolver qualquer questão do cliente.

> **Imagine-se como cliente!**
> **Lembre-se de situações do seu dia a dia como cliente.**
> a) Escreva cinco pontos positivos de seu dia de compra – que te causou uma boa experiência
> **Você recomendaria este varejista para alguém?**
> b) Escreva cinco pontos negativos de sua ida às compras
> **O que você faria se você fosse o varejista – liste suas sugestões.**

De acordo com Sussumu Honda, ex-proprietário do Ricoy e presidente do Conselho da Abras, "o mais adequado era que o RH das empresas passasse a ser visto como um "Gerador de Negócio". Com processos rígidos de recrutamento, seleção, meritocracia. E mais, o varejo tinha que repensar suas políticas de relação com colaboradores.

"Faltam ainda padrões de execução, metas claras e ferramentas de controle. Soma-se a isso, a ausência de *feedbacks* individuais, direcionamentos claros, programas de desenvolvimento de carreira, foco em resultados, entre outros", reforça.

O primeiro passo, para se ter uma equipe engajada, é deixar muito claro ao funcionário qual a sua estratégia, posicionamento e proposta de valor e o que se espera dele, dentro deste modelo de negócio.

Adicionalmente, qual o benefício que ele, como funcionário, poderá ganhar estando engajado e entregando aquilo que se espera dele.

Identificar dentre os diferentes perfis o mais adequado para cada função. Aqui entra um papel importante do RH para mapear e extrair o melhor de cada um na função adequada.

A seguir, deixar muito claro à equipe qual é o papel de cada um dentro da estratégia, posicionamento e proposta. Deve-se, de preferência, descrever o papel, as tarefas/escopo do trabalho por escrito e deixar claro o que se espera de cada um no exercício desta atividade.

Ter políticas e processos claros sobre o bom atendimento. E adotar programas de desenvolvimento e retenção são fatores cruciais para engajar a equipe.

Salário e outras formas de recompensas financeiras estão entre as principais ações de retenção como mostra a pesquisa publicada na revista SuperHiper de novembro 2013 (5° Estudo Capital Humano).

Mas, medidas para melhorar o ambiente de trabalho e seleção acurada são ações bem eficazes, destaca a reportagem de SuperHiper.

Veja a situação abaixo:

Certo dia, um funcionário do açougue percebeu a insatisfação de um cliente no corredor em frente, com uma atitude proativa foi em busca de tentar ajudá-lo/orientá-lo. Quando voltou, para sua surpresa, seu encarregado chamou a sua atenção por ter saído da seção. Isso definitivamente não foi uma postura/atitude adequada do encarregado, ao contrário, inibiu a proatividade e atitude vendedora com foco no cliente.

Algumas ações importantes dentro deste contexto

Cada cargo deve ter a descrição da tarefa com precisão e dentro do possível, ser específica e quantitativa para ser usada, inclusive, como medida de avaliação.

Os deveres do cargo incluem as tarefas que o funcionário deve cumprir para alcançar seus objetivos. Deve constar ainda seu grau de responsabilidade e autoridade em relação à oferta de experiência de compra agradável para o cliente.

No caso da Coop/SP, por exemplo, já foi comentado que ela criou diferentes áreas para cuidar das ações de interação e pontos de contato com o cliente. O SAC, por exemplo, é totalmente diferenciado, no qual as atendentes têm total autonomia para atender o cliente e resolver seu problema. Outro fato bem interessante é que no atendimento pessoal, o presidente tomou uma decisão importante: todos os colaboradores de loja que atendem cooperados são funcionários do marketing, o que ajudou a engajá-los na estratégia e conseguiu evoluir na interação com o cliente.

"Saímos do atendimento ao cliente para consultora de cliente e é neste quesito uma das notas mais altas na satisfação dos cooperados", comenta Claudia Montini, ex-coordenadora de Marketing, hoje no Grupo Pereira.

"Se o cliente tem um problema em qualquer aspecto/área, a consultora irá resolver", acrescenta.

Um exemplo de ação bem interessante., ao identificar que um cliente não vai à loja há dois meses, a própria consultora liga e

Meu cliente não voltou, e agora? **199**

chamando-o pelo nome se identifica e carinhosamente pergunta porque ele não tem ido à loja, e o convida a vir experimentar as novidades e retirar um brinde especial.

Educação, simpatia, sinceridade, agilidade, cordialidade, presteza, proatividade são requisitos sempre mencionados em treinamentos de bom atendimento.

Para promover uma experiência de compra, temos que ir além destes requisitos básicos.

É antecipar-se aos clientes, é cuidar do mesmo, é ter agilidade em atendê-lo, é saber dar informações consistentes sobre quaisquer dúvidas/questionamentos – desde apresentar os produtos, esclarecer dúvidas, saber a localização dos produtos, entre outros.

O atendimento tem um papel essencial mesmo em se tratando de autosserviço. Embora o sistema de autosserviço pressuponha que **o cliente sozinho escolhe o que quer e dirige-se ao caixa para pagar,** o "atendimento" é ainda um dos fatores de maior reclamação dos clientes. E nem se trata especificamente do atendimento no balcão do açougue, padaria, peixaria. O "atendimento", neste caso, envolve o ambiente, a organização da loja e das seções: limpeza, sinalização, sortimento, ausência de ruptura, equipe capaz de tirar dúvidas, prestar esclarecimentos quando solicitados, apoiar a tomada de decisão, ser um solucionador de problemas, entre outros.

Para isso, cada funcionário deve conhecer a fundo a loja, os departamentos, as seções, os produtos, quem é quem na operação, quem faz o que, entre outros. Tudo em prol de ser proativo no apoio ao cliente.

É atender bem, facilitar suas decisões e seu processo de compra. Isso requer bom comportamento, atitude vendedora, postura adequada, saber comunicar-se, ter equilíbrio emocional, entre outros.

A verdade é que as constantes e aceleradas mudanças no mundo veem exigindo das pessoas, de cada um de nós, a cada dia, novas competências, habilidades e atitudes tanto para atuar na comunidade a que pertencemos quanto nas organizações. Destaco alguns: pensamento crítico, capacidade de resolver problemas, poder de tomada de decisão, habilidade de escutar (escuta generosa), Comunicação, negociação, responsabilidade, resolução de conflitos, adaptação, orientação para o cliente e mercado, cooperação, profissionalismo e ética, diversidade, produtividade, aprendizado contínuo, transformação digital, flexibilidade, iniciativa, autocuidado, entre outros.

Difícil? Veja o que fez um pequeno varejista do interior do Rio de Janeiro.

A EQUIPE QUE ENCANTA O CLIENTE
Pequeno supermercado interior do RJ

Com apenas uma loja, em busca de se sobressair aos concorrentes que começaram a proliferar na região, começou a implementar um programa para promover melhor experiência a seus clientes e encantá-los, para aumentar sua taxa de retenção.

O que ele fez?

Como não abria aos domingos, por restrições legais, com o apoio dos funcionários, criou um programa de treinamento para toda a sua equipe. Neste encontro, criou um roteiro de visitação à sua própria loja, através do qual cada funcionário identificava seção a seção, os produtos disponíveis, exposição e distribuição dos mesmos, os pontos positivos e negativos de cada variável do marketing e trade marketing: sortimento, preço, exposição, comunicação, organização da loja e gôndolas, limpeza, etc.

A partir daí e das atividades realizadas, todos estavam alinhados e conhecendo a fundo cada item da loja – os aspectos positivos a serem reforça- dos e os negativos a serem melhorados. E sabiam, como ninguém, orientar os clientes em suas dúvidas. O resultado: aumento da taxa de retenção de 33% para 67% em 6 meses.

Cada um de nós, no exercício de nossa atividade, podemos e devemos trabalhar em busca de encantar o cliente.

Você é a peça-chave para fazer a diferença!

A ARTE DE SE COMUNICAR COM SEUS COLABORADORES

Por Susana Ferraz*

A Comunicação Interna são as interações, os processos de trocas, os relacionamentos dentro de uma empresa ou instituição. Também chamada de Endocomunicação, a Comunicação Interna é responsável por fazer circular as informações, o conhecimento, de forma verticalmente, ou seja, da direção para os níveis subordinados; e horizontalmente, entre os empregados de mesmo nível de subordinação.

No ambiente interno, a comunicação destina-se a manter o quadro de pessoal sempre informado do que ocorre na empresa, como um fator de motivação e participação. Desde o momento em que se contrata um novo funcionário, ele deve se familiarizar com o ambiente de trabalho, a filosofia e os objetivos da empresa. Para isso, existem diversos instrumentos, que vão desde a informação direta fornecida pelos colegas de seção e chefias até os chamados *house-organs* (jornais ou revistas destinadas ao público interno). O essencial é que o empreendedor engaje a equipe transmitindo aos funcionários a ideia de que todos estão envolvidos no desenvolvimento dos negócios, criando um clima de parceria, de confiança.

Dependendo do porte da empresa, a área de comunicação requer profissionais especializados (jornalistas ou relações públicas) que se dediquem exclusivamente à elaboração de boletins, jornais murais, comunicados e programações sociais. No caso de jornais, costuma-se incentivar a participação dos empregados, em forma de textos, comentários, críticas, etc. Em empresas menores, muitas vezes o próprio dono se encarrega do material de divulgação. Com os recursos da informática e a aplicação de alguns programas simples e eficientes, é possível elaborar material de divulgação de excelente qualidade, tanto em texto como em diagramação. O *endomarketing* pode ser definido como um conjunto de ações utilizadas por uma empresa para vender a sua própria imagem a funcionários e familiares.

É nas ações mais simples que o público interno encontra aquilo que procura: a informação, o reconhecimento e o estímulo necessários para um bom trabalho.

Os propósitos do endomarketing são dois (BRUM, 1998)

a) Reduzir a fofoca, ou 'rádio-corredor", pela informação direta e transparente.
b) Imbuir os funcionários das metas da organização.

Qualidade em Comunicação Interna

Não basta ter uma equipe de grandes talentos altamente motivados. Se ela não estiver bem-informada, se seus integrantes não se comunicarem bem, não será possível potencializar a força humana da empresa. A comunicação interna, é algo prioritário que deve merecer, principalmente por parte da cúpula da empresa, grande atenção.

Dicas do que fazer:

a) Cuide da qualidade e do timing da comunicação assegurando sintonia de todos com os objetivos maiores da empresa;
b) Tenha disposição em abrir informações essenciais garantindo insumos básicos a todos;
c) Incentive e facilite que cada colaborador possa buscar as informações de que precisa para seu trabalho;
d) Mantenha um ambiente de autenticidade / veracidade;
e) Foque na aprendizagem: garantindo a efetividade do que é comunicado, otimizando o processo de comunicação;
f) Considere as diferenças individuais;
g) Desenvolva e estimule as competências básicas em comunicação (ouvir, expressão oral e escrita, habilidades interpessoais) assegurando qualidade das relações internas;
h) Seja ágil e eficaz na comunicação interna para sua qualidade e nível de contribuição aos objetivos maiores.

Meu cliente não voltou, e agora? **203**

Lembre-se, os empregados são parceiros e quanto mais bem informados estiverem, mais envolvidos com a empresa, sua missão e seu negócio, eles estarão. A Comunicação Interna amplia a visão do empregado, dando-lhe um conhecimento sistêmico do processo.

Seus colaboradores são os maiores propagandistas de sua organização. Diz o professor Bueno que "funcionários descontentes, mal-informados, geram prejuízos imensos às organizações porque podem expressar, com mais auten- ticidade do que outros públicos, os valores positivos ou negativos da cultura organizacional".

E de acordo com inúmeras pesquisas de mercado, o "mal atendimento" é o principal fator que afasta um cliente de uma loja.

Assim, a comunicação deve ser encarada como uma arma da inteligência estratégica para gerar relacionamento de valor e permitir atrair, engajar e reter o cliente.

Susana Ferraz é jornalista especializada em Varejo – Sete Estrelas Comunicação

Como engajar a equipe

"De nada adiantaria reformar nossas lojas, sofisticar o mix, incluir serviços adicionais se, lá na ponta, nossa equipe não estivesse preparada e engajada neste novo modelo de negócio", comentou Moacir.

Com o apoio total do RH, foi criada uma política rígida para Recrutamento e Seleção. "Neste aspecto, definimos, inclusive, qual seria o perfil de colaboradores adequado a esse novo modelo de orientação ao cliente", destacou.

Foi estabelecido, adicionalmente, programas sobre Conduta e Postura adequadas, Programa e Controles Rígidos de Desempenho, Treinamentos Contínuos.

Para o ano seguinte, para todos os funcionários, sem exceção, foram estabelecidas metas claras de desempenho.

"Para engajar a equipe, lançamos, inclusive, o programa "Encante e Ganhe", no qual o trabalho de cada membro da equipe da loja (de faxineiros, repositores a operadores de caixa e atendentes do balcão) seria avaliado também pelos nossos clientes. Esta ação, além de melhorar a experiência de compra dos clientes, ajudou a identificar rapidamente problemas/dificuldades e, ao mesmo tempo, valorizar, reconhecer e premiar os colaboradores que se destacam", contou o diretor de RH.

A pesquisa era aplicada regularmente pelos curadores do cliente logo após a compra para avaliar o atendimento em todos os aspectos (da loja em si, equipe, produtos). "Fizemos um formulário bem simples para facilitar a aplicação e, principalmente, a digitação e análise", destacou.

O cliente atribuía uma nota de 1 a 5 para cada item avaliado, sendo 5 = excelente/diferenciado e 1 = ruim. A cada mês, os colaboradores com as melhores avaliações eram premiados.

"O reconhecimento ajuda a motivar e engajar a equipe e, ao mesmo tempo, aprimorar cada vez mais a relação com os clientes."

"Na primeira pesquisa, até choramos com os resultados tão ruins, apenas 15 de 600 entrevistas atribuíam nota máxima. Já a partir da terceira, mais de 30% dos respondentes passaram a avaliar com a nota máxima."

"Esta atividade foi, e continua sendo, tão importante para nós na correção de rota e adequação dos serviços, produtos, que resolvemos investir na mesma e modernizar o processo. Por recomendação da consultoria, passamos a fazer a coleta de dados via tablet, agilizando todo o processo. Na forma manual, demorávamos uns 10 dias para obter os resultados. Com a automatização passamos a obter o resultado no dia seguinte à aplicação da pesquisa."

"Outra ação importante foi a criação do "Projeto Imersão". Cada colaborador que ingressa na empresa faz um programa de imersão somado a um "job rotation" que permite passar por todas as áreas e conhecer a fundo cada atividade da empresa." Um "instrutor" – colaborador experiente e bem avaliado na pesquisa com cliente – fica durante uma semana com o novo colaborador para facilitar a adaptação, ampliar conhecimento e, sobretudo, engajar o novo colaborador na orientação ao cliente.

Da primeira pesquisa aos dias atuais as reclamações por mau atendimento foram reduzidas em mais de 80%.

"Os clientes perceberam que nos preocupamos, de fato, em encantá-los", comemorou Moacir – presidente da empresa.

Mas as ações não pararam por aí.

O ano é 2023

As políticas e processos de recrutamento, seleção e desenvolvimento continuam sólidos, de tal forma que o Supermercado Volte Sempre possui a menor taxa de *turnover* do mercado. Enquanto a média, segundo dados da Associação Brasileira de Supermercados (ABRAS) é de 25%, no Supermercado Volte Sempre não passa de 8%.

E os clientes agradecem com uma nota de 9,2 no NPS (Net Promoter Score) que mede a satisfação do consumidor.

Capítulo

8

Colaborar: um bem imprescindível

O ambiente atual, mais dinâmico, complexo, altamente competitivo, de mais acesso e opções, tem gerado profundo impacto na relação varejo-fornecedor, exigindo mudanças nos mais variados aspectos da relação. Para que os produtos cheguem ao consumidor final, é necessário que haja interação entre todos os elos da cadeia. E todos, sem exceção, dependem do cliente. É uma dependência mútua que tem levado varejistas e fornecedores já com o mesmo objetivo comum – o de atrair, engajar, converter e satisfazer o shopper, para criar fidelidade à marca, ao ponto de venda e "estimular a recompra" –, a unir forças para traçar estratégias conjuntas que permitam atender a este objetivo.

Inicia-se um movimento de sair de relações meramente comerciais para a adoção de uma postura mais colaborativa com real orientação para o cliente: o consumidor– seja como usuário ou como shopper.

"Os shoppers – hoje mais questionadores, com maior poder de compra e de decisão, com muito mais informação e argumentação, e frente às inúmeras opções – exigem que as indústrias e o varejo repensem toda a sua estratégia", orienta Sussumu Honda, supermercadista da Rede Ricoy e ex-presidente do Conselho Consultivo da Abras

É, sem dúvida, através da colaboração em todos os pilares da relação varejo-fornecedor que a cadeia de abastecimento poderá gerar melhor resultado para o cliente final, seja em termos de disponibilidade de produto, de tempo empregado no processo de compra, de preço, de melhor experiência, e de obter benefícios e resultados sustentáveis.

De acordo com Jocelyn Wong, diretora de Marketing da Family Dollar, em sessão na Expo Shopper Marketing Chicago, "mapear e compartilhar conheci- mentos e objetivos é a chave para uma colaboração bem-sucedida" (Expo Shopper Marketing 2013, em Chicago/EUA). O que foi corroborado no mesmo evento por Alison Lewis – vice-presidente sênior de Marketing da Coca-

Cola. Segundo ele, compartilhar objetivos leva ao sucesso também compartilhado. E a colaboração é essencial."

A construção de negócios colaborativos é uma maneira de estabelecer vantagem competitiva sustentável e diminuir os riscos inerentes às relações de negócios. (Day e Montgomery, 1999).

Para Sussumu Honda, quando falamos em colaboração, temos que pensar e discutir a logística como um todo. "Se toda a cadeia funcionar bem, quem ganha é o cliente."

Mas o que é colaborar, na prática?
Em poucas palavras, trabalho conjunto dos parceiros comerciais, compartilhando processos, tecnologias e dados, cooperando entre si para criar o maior valor para o grupo e seus clientes.

Por que é importante?
As razões principais para a formação de modelos colaborativos são aumentar a competitividade, já que podemos reduzir custos operacionais, reduzir riscos e aprimorar a eficiência em todo o processo na cadeia de distribuição. Além de eliminar retrabalho e/ou trabalhos duplicados.

"E varejistas e indústrias dos mais variados setores e portes acreditam que o modelo colaborativo deverá cada vez mais permear a relação entre os parceiros comerciais", diz Sussumu.

Segundo Kotler (2000) e Arbache et al. (2004), a negociação representa apenas o início do processo. O resultado geralmente depende da capacidade de negociação e do equilíbrio de forças entre os parceiros. E para que os relacionamentos colaborativos possam acontecer, de fato, e se fortalecer, é necessário que os mesmos possam ser visualizados.

Neste contexto, cada vez mais empresas buscam instrumentos e/ou ferramentas de mensuração e monitoramento do processo colaborativo na prática.

O objetivo destas ferramentas é monitorar resultados, avaliar se as ações desenvolvidas no modelo estão atendendo ou não as expectativas de ambos os parceiros e, com isso, servirem de apoio para facilitar o processo de tomada de decisão, otimizar dos recursos e buscar melhores resultados.

Como fazer?

Ledo engano comete quem pensa que adotar um modelo colaborativo é fácil. Ao contrário, adotar um modelo colaborativo exige trabalho árduo, consistência e continuidade.

Para que aconteça, o primeiro passo é que colaboração faça parte da estratégia, missão e visão da empresa – deve estar no seu DNA. Colaboração como palavra de ordem!

Exige-se uma série de comportamentos imprescindíveis aos envolvidos direta ou indiretamente com o projeto. Engajamento – do *top management* e de toda a equipe, cultura colaborativa, adaptação, estrutura, comunicação, disponibilidade, comprometimento, cooperação, saber lidar positivamente com conflitos, interdependência, poder e confiança.

"A relação com os fornecedores tem que ser fortalecida e acontecer em todas as searas, do alto escalão, passando por comercial, trade, logística, todos. Só assim teremos a garantia de que o que foi acordado seja, de fato, cumprido. Há ainda muitas falhas no processo, sobretudo, em relação a pedidos precisos e cumprimento de prazo", ressalta Eduardo Severini, diretor do Tenda Atacado.

Confiança, conforme colocado por Spekman (1988), é o pilar central de uma parceria estratégica. Morgan e Hunt (1994) defendem que a confiança é o maior determinante de uma relação com compromisso.

Entenda compromisso

Morgan e Hunt definem compromisso como parceiro acreditando que o relacionamento contínuo com o outro é tão importante que vale garantir os máximos esforços para manter esta relação.

Outras variáveis importantes de relacionamento são a Interdependência e Poder. "A distribuição do poder define a relação entre as partes e está diretamente relacionada ao grau de dependência dos parceiros." (Anderson e Narus, 1987).

Soma-se aos temas mencionados a necessidade de se ter um profundo conhecimento no negócio, senso analítico, capacidade de planejar, controlar e executar .

NOSSA REALIDADE HOJE:
A COLABORAÇÃO NA VISÃO DA
ADVANTAGE GROUP BRASIL

Por Ana Fioratti[*]

A grande questão que permeia a relação indústria e varejo no Brasil é por que colaborar é tão importante. Embora os conceitos iniciais de colaboração tenham surgido no século passado – na década de 70 – o ambiente de negócios cada vez mais competitivo faz com que estabelecer parcerias de longo prazo seja fundamental para diminuir riscos e criar vantagens competitivas para as empresas.

Ter produtos de qualidade e presença no ponto de venda já não é mais suficiente para garantir sucesso no mercado. A busca da tão desejada diferenciação passa necessariamente por parcerias estratégicas que trarão ao consumidor final o melhor produto, disponível nos pontos de venda corretos, de forma que atraiam o shopper a comprá-los e trazendo – como consequência – bons resultados para os parceiros comerciais.

Embora muito se fale sobre colaboração, o Brasil ainda encontra-se em um estágio mediano de relacionamento. Dados da Advantage Group[*] que em 2014 quando este livro foi escrito apontavam para um indicador próximo a 20 pontos (em uma nota que vai de -100 a +100) , hoje em sua nova edição indica que não estamos na casa dos 50/60 pontos, sendo a nota média do varejo avaliando a indústria é de 62 e da indústria avaliando o varejo, 55. Na prática, embora vemos um avanço, poucas são as empresas no mercado brasileiro que praticam – de fato – um trabalho colaborativo. Dez anos depois e embora tivemos avanços

---

Meu cliente não voltou, e agora? **213**

na relação indústria-varejo, os patamares ainda são intermediários.

Avaliação 360º Advantage Group*

Setor

Nota	2012	2020
Fornecedor para Super-Hiper	10	24
Super-Hiper para Fornecedor	29	37
Fornecedor para Farma	8	29
Farma para Fornecedor	19	32
Indústria para Atacado	18	28
Atacado para Indústria	16	22
Indústria para Cash & Carry	10	11
Cash & Carry para Indústria	3	6

Mas é fácil entender as razões pelas quais o avanço neste tema se dá de forma tão paulatina já que as parcerias estratégicas pressupõem engajamento e comprometimento das operações para obter resultados sustentáveis. Na prática isso significa que vantagens individuais e atingimento de objetivos de curto prazo e negócios oportunistas devam ser substituídos por resultados positivos para ambos os lados e a busca de fidelização do consumidor e recompra de produtos. A colaboração como pilar das empresas, o comprometimento e o engajamento das lideranças, o alinhamento dos objetivos comerciais e de operação entre os parceiros e indicadores comuns avaliados continuamente na busca de oportunidades são críticos para garantir o compromisso necessário, atingir objetivos e criar uma relação sustentável, de confiança.

Embora o Brasil ainda tenha um longo caminho a percorrer para atingir a maturidade na colaboração, muitas são as conquistas nos últimos anos. O trabalho qualificado das equipes comerciais, ações efetivas focadas em estimular o sell out no ponto de venda, planos de categorias estruturados e avaliados em conjunto e a troca de informação para gestão são alguns dos temas que apresentaram os maiores avanços no relacionamento, de acordo com dados da Advantage Group.

"Trabalhamos de forma colaborativa com muitas empresas grandes, os dois lados buscando números positivos, procurando melhorar a logística, trabalhando rentabilidade, disposição, como atender melhor o cliente, como perder menos." Varejista entre os 10 mais importantes do Ranking ABRAS 2013.

Enquanto o varejo busca entender cada vez mais o consumidor final e seu shopper, a indústria busca trabalhar de forma customizada para destacar-se no ponto de venda. Mas ainda há uma barreira importante a ser transpassada, a confiança entre parceiros comerciais. Perguntados sobre as razões do avanço relativamente lento da colaboração no Brasil, indústrias e varejistas apontaram a confiança no parceiro como um tema ainda limitador.

"Nossa empresa acredita na construção de negócios colaborativos com a indústria, mas achamos que o maior impedimento são os interesses comerciais individuais, percebemos uma busca pela maximização de lucros sem considerar a particularidade dos mercados e dos consumidores das lojas." Varejista entre os 15 mais importantes do Ranking ABRAS 2013.

"Acreditamos na construção de negócios, trabalhamos alinhados com o fornecedor e acreditamos que quem entende de produto são os nossos fornecedores. O grande empecilho é a transparência com que se faz negócios, a busca genuína de ganho para os dois lados." Varejista entre os 30 mais importantes do Ranking ABRAS 2013.

"As ineficiências vindas da falta de comunicação, de integração, de colaboração são enormes e o impacto chega até a ponta, que é o consumidor. O principal entrave é a confiança; acreditar que a indústria está vendo o cliente da mesma forma que sua empresa, e entenda-se aqui não somente o comercial das empresas mas a logística, TI, financeiro. A indústria deve deixar de ficar preocupada com o sell in e o varejo com o sell out; os dois lados têm que olhar o ponto final que é o cliente. Isso passa basicamente por um relacionamento baseado em confiança." Varejista entre os 15 mais importantes do Ranking ABRAS 2013.

Meu cliente não voltou, e agora? **215**

A colaboração entre as empresas pressupõe que os temas básicos de negócios estejam satisfeitos adequadamente. De nada adianta a busca da sofisticação da relação se o produto não se encontra disponível para o consumidor final. Temas relacionados à logística ganham importância na agenda das indústrias e varejos em busca de minimizar os impactos de um país continental, com infraestrutura precária e grandes problemas no transporte.

Segundo nossos dados, os temas ligados à entrega de pedidos precisos, completos e no prazo estão entre os cinco temas mais importantes para os varejistas. São também alguns dos temas pior avaliados pelos parceiros comerciais.

"Nossa empresa acredita em colaboração, inclusive não é uma questão de acreditar; é uma necessidade. Temos a indústria como um parceiro para nos ajudar no crescimento, trazendo informações de mercado, de shopper e do PDV por exemplo. Quanto mais informações tivermos para nos orientar a fazer um trabalho melhor e em conjunto no ponto de venda... os resultados vão aparecer muito mais rápido." Varejista entre os 10 mais importantes do Ranking ABRAS 2013.

O trabalho colaborativo, porém, é um caminho sem volta. Aquelas empresas que entenderem a colaboração como uma vantagem competitiva e se propuserem a entender os seus parceiros sairão à frente e obterão resultados mais rapidamente.

*Ana Fioratti é diretora executiva da Advantage Group Brasil

Da confrontação e poder de barganha para a cooperação

Embora colaboração seja um tema recorrente e venha ganhando espaço na pauta de varejo e fornecedores é algo ainda pouco comum. No geral, o interesse individual ainda prevalece, e se costuma procurar o "domínio" e não a cooperação.

De acordo com o diretor comercial do Tenda Atacado, no segmento *Cash & Carry*, no qual o Tenda está inserido, a situação é ainda mais crítica: "O que ainda predomina nos dias atuais é uma relação comercial, muito menos colaborativa do que quando consideramos os *Key Accounts*". E acrescenta: "Há muitas indústrias, ainda hoje, que não atendem o canal *Cash & Carry*. É comum ter líder no atacado que não é líder no mercado".

No Brasil, boa parte das redes varejistas e seus fornecedores, para não dizer a maioria, não possui instrumentos para avaliar as relações de parceria, e cono consequência, não sabem avaliar se as mesmas estão atingindo os resultados esperados ou não.

Fator este que dificulta identificar em qual estágio de colaboração estamos na prática. Em muitos casos, se quer se tem troca de informações, geração de conhecimento conjunto para iniciar um modelo colaborativo. Muito menos objetivos comuns. Na prática, boa parte das empresas poderia ser classificada no estágio zero da colaboração.

Em outros casos, se limitam a traçar objetivos apenas para aumentar as vendas e as margens de lucro. Neste caso, poderiam ser classificados no estágio I da colaboração – Garantir a Disponibilidade do Produto.

Estágios da Colaboração
ESTÁGIO I – Garantir a Disponibilidade do Produto
ESTÁGIO II – Negócios Colaborativos em Desenvolvimento
ESTÁGIO III – *In Store* & Shopper Experience
ESTÁGIO IV – Plataforma Colaborativa: *Co-Criation*

Na realidade, encontramos estágios muito distintos em termos de colaboração.

Boa parte das empresas ainda tem pontos críticos e espaço para melhorias ainda no estágio I – Garantir a Disponibilidade dos Produtos.

E é somente a partir da garantia da disponibilidade do produto é que podemos avançar no processo e garantir a quantidade adequada, pedidos precisos, entregas dentro dos prazos acordados, que poderemos avançar no processo e construir negócios lucrativos para todos, através de uma comunicação clara e objetiva (inclusive da estratégia) e compartilhar recursos (estágio II – Negócio Colaborativo).

Evoluindo ainda mais no nosso processo de modelo colaborativo, e tendo como base a "Era da Experiência" que visa garantir uma melhor experiência de compra para o shopper, chegamos ao estágio III da colaboração – *In Store Experience* e com alguns bons exemplos de parcerias.

O último estágio, ainda pouco presente nos processos atuais, envolve a cocriação em todos os pilares.

Entenda cocriação

O termo cocriação começou a ser usado em 2004, desde o lançamento do *best-seller* "O futuro da competição", escrito por C. K. Prahalad e Venkat Ramaswamy.

Cocriação é um conceito de marketing e negócios que significa uma forma de inovação a partir da participação de todos os steakholders associando-se com o negócio ou produto, agregando inovação de valor, conteúdo ou marketing, e recebendo algo em troca.

Um dos pilares da cocriação é justamente a colaboração.

É, de fato, quando os parceiros – varejo e fornecedores – juntos a partir do profundo conhecimento dos seus clientes, com real orientação ao shopper – "*shopper centric*" – constroem o modelo completo, desde o desenvolvimento e definição do produto em si (envolvendo aspectos funcionais, embalagem, preço, exposição, comunicação, etc.), decisões do sortimento até a venda ao consumidor final.

Seja qual for o estágio em que sua empresa se encontra, adotar um modelo colaborativo exige disciplina, treinamento, comprometimento e processo.

De acordo com Fortunato Leta, presidente da rede Zona Sul, a colaboração é, sem dúvida, fundamental para oferecer melhor experiência ao cliente e exige alinhamento estratégico e confiança. "Evoluímos muito neste processo, hoje no Zona Sul mais de 90% de nossas negociações são estrategicamente alinhadas e sempre com foco no shopper. Mas é um trabalho contínuo e exige disciplina, dedicação e uma real orientação ao cliente. No Zona Sul, a definição do sortimento, o gerenciamento por categoria, as estratégias de "pricing", quaisquer ações que executamos, todas são pautadas pelo cliente."

Antes de iniciar qualquer processo, o 1o passo é compartilhar informações e insights, respeitando a expertise de cada um.

Do varejo, todo o conhecimento sobre a loja e sobre o shopper. Da indústria, tudo sobre o produto e marca.

Este é o pilar para solidificar metas e direcionar as estratégias.

PRINCIPAIS DESAFIOS PARA ESTREITAR A RELAÇÃO

Por Claudio Zanão*

Varejo de um lado, indústria do outro. Sempre a eterna discussão de quem explora mais o outro. Vamos pensar que conseguimos acertar o volume x preço x prazo. Agora é onde devemos trabalhar juntos para o melhor retorno, isto é, se as vendas forem rápidas, os dois ganham. Queremos comprar e ou vender mais. Se por acaso as vendas não têm o giro esperado, ambos perdem.

Quando compramos um espaço ou estande em uma feira ou congresso, muitas indústrias reclamam muito dos preços e acabam não investindo na operacionalização do estande. Pagam, mas não têm retorno. Gastaram e não souberam investir.

A Coca-Cola pagou uma fortuna para patrocinar as Olimpíadas na China. Gastou o equivalente para promover os produtos e quebrar um paradigma: os chineses não tomavam Coca gelada porque dava dor de barriga. Mas o investimento compensou, pois a Coca promoveu o produto gelado, conseguindo quebrar o paradigma. Como resultado: aumentaram as vendas.

Então, vamos pensar que a venda da indústria é a compra do estande. Investir agora para valer a pena. Nem sempre significa promoção e preço baixo, mas sim prestação de serviço e demonstração da funcionalidade do produto.

Estive visitando com um vendedor de biscoitos, algumas lojas na Inglaterra. Ele demonstrava ao comprador o produto e quanto seria investido na mídia, para promover o produto. Quando tudo tinha sido esclarecido, isto é, e entendido que o varejista não poderia deixar de ter o produto porque o consumidor iria procurá-lo na loja quando a campanha estivesse no ar, o vendedor agradecia a atenção e dizia: "Entre neste *link*, e faça diretamente o pedido no site da empresa. Boas vendas!" O vendedor era um demonstrador. Explicava todas as questões sobre o produto e como seria exposto na mídia. O comprador tirava todas as dúvidas e depois fazia as compras diretamente na empresa.

No Brasil, precisamos ceder de ambos os lados. Os supermercados tratarem a indústria como parceiros e vice-versa. Alto ou baixo giro têm que ser tratados como da mesma forma para ambos, sendo negativo ou positivo.

O desafio será termos frentes de trabalho em conjunto e pensarmos no shopper como nosso cliente, isto é, meu e seu.

Claudio Zanão é presidente da Associação das Indústria de Massas Alimentícias (Abima)

Quizz: Em que estágio sua empresa está neste processo?

Listei abaixo algumas frases para sua reflexão. Avalie como está o seu modelo de negócio:

Algumas frases para reflexão	Sim	Parcial	Não
Temos uma política rígida e bem aplicada de conduta no relacionamento com nossos parceiros	☐	☐	☐
Acreditamos e aplicamos a meritocracia	☐	☐	☐
Estamos abertos as inovações e novidades e a trocar experiências com meus parceiros	☐	☐	☐
Trocamos informações com nossos parceiros sobre estratégia, objetivos, caminhos a seguir para alinhar expectativas	☐	☐	☐
Fornecemos informações relevantes sobre desempenho, sobre Shopper, a fim de que nossos parceiros sejam capazes de adotar práticas mais adequadas às necessidades dos clientes (Shopper/Consumidores)	☐	☐	☐
Cumprimos horários e prazos de maneira rigorosa	☐	☐	☐
Somos reconhecidos por cumprir de maneira eficaz os planos e acordos estabelecidos (na ótica da indústria avaliar também precisão dos pedidos, % full rate, etc.)	☐	☐	☐
Possuímos sistemas automatizados de recebimento/entrega	☐	☐	☐
Temos programas efetivos na redução de ruptura	☐	☐	☐
Possuímos um eficiente sistema de emissão de pedidos/pagamentos	☐	☐	☐
Temos uma política padronizada e customizada para ações de marketing e merchandising	☐	☐	☐
Desenvolvemos os nossos programas de marketing e trade marketing envolvendo nossos parceiros	☐	☐	☐
Temos uma real orientação para o mercado e cliente e adotamos esta estratégia em todas as nossas ações: definição, sortimento/mix, comunicação, operação,	☐	☐	☐

Meu cliente não voltou, e agora? **221**

interação com os mesmos, ações de marketing e merchandising, entre outros

Todas as nossas ações, incluindo a definição de produtos, serviços, políticas de interação, entre outros são baseadas na necessidade do Shopper/ Consumidor

Temos políticas claras e bem executadas parar fazermos sempre bons negócios

Praticamos a política do ganha-ganha

Envolvemos nossos parceiros na construção de nossos planos para atrair, engajar, converter e reter clientes

Não medimos esforços para engajar nossos parceiros em nosso plano de negócio

Desenvolvemos/ fornecemos/ executamos, de maneira eficaz, as ações de marketing e merchandising orientadas ao Shopper

Somos reconhecidos por termos boas práticas de se fazer negócio

Somos reconhecidos por termos uma equipe bem preparada, motivada e engajada

Nossa equipe possui postura adequada no trato com os parceiros

Nossa equipe tem total autonomia para tomada de decisão

Focamos em qualidadee agilidade no trato com os parceiros

O planejamento de negócio com nossos parceiros foi realizado através de um modelo colaborativo

Apoiamos nossos parceiros no atingimento das metas e objetivos (financeiros, operacionais, sociais, ambientais)

Fornecemos recursos necessários para adoção de modelo colaborativo

Envolvemos nossos parceiros em temas estratégicos com vistas a melhorr a performance do negócio

Ainda que a colaboração, por vezes, possa parecer algo difícil e até impossível de acontecer, pelas inúmeras razões que já comentamos, podemos observar que ela vem acontecendo também, inclusive na relação com o pequeno varejo. E é através da necessidade de atrair e fidelizar o cliente, em todos os lados da cadeia – varejo, indústrias, fornecedores, distribuidores –, que a relação se fortalece e alavanca mo delos colaborativos.

A COLABORAÇÃO VOLTADA AO PEQUENO VAREJO

Por José do Egito*

O consumidor vem ganhando cada vez mais força à medida que uma diversidade cada vez maior de produtos é colocada à sua disposição. Além disso, as facilidades para aquisição de qualquer bem por meio eletrônico nunca foram tão grandes. Assim, o consumidor/comprador precisa ter um bom motivo para escolher gastar seu dinheiro em uma determinada loja em vez de outra.

Cabe ao varejista criar diferenciais capazes de influir nessa escolha, mas ele não está sozinho nessa missão. As indústrias fornecedoras e os agentes de distribuição estão igualmente engajados na conquista e fidelização do cliente, formando uma verdadeira cadeia colaborativa.

A indústria desenvolve continuamente programas voltados ao varejo, muitas vezes em parceria com os agentes de distribuição, que têm a capilaridade necessária para beneficiar varejistas de uma ampla área geográfica.

A Abad, entidade que representa nacionalmente o segmento atacadista distribuidor, também conhece as dificuldades do varejo e tem buscado, ao longo dos anos, disponibilizar programas de capacitação para que o pequeno e o médio varejo ganhem qualidade no atendimento, na operação e na gestão, tornando-se mais rentável e competitivo.

Além disso, as empresas do setor oferecem, individualmente, uma diversidade de serviços que visam melhorar os resultados de seu cliente varejista, com iniciativas que vão do treinamento à concessão de crédito, da agilidade na reposição à manutenção de estoque regulador. São facilidades que fazem diferença no resultado do negócio e que têm ajudado os pequenos varejistas a concorrer com as grandes redes.

*José do Egito é presidente da Associação Brasileira de Atacadistas e Distribuidores (Abad) e presidente da rede Jotuge Distribuidora

Meu cliente não voltou, e agora?

Mas para que o modelo colaborativo saia do papel é preciso planejamento e seguir um método:

Passos básicos para adoção do modelo colaborativo

1. Avalie se realmente sua empresa está disposta a colaborar;
2. Selecione um parceiro e convide-o a participar. Não podemos ser tudo para todos;

Se um determinado varejista decide oferecer preço baixo, não poderá ao mesmo tempo ter experiência única.

Assim, o 1° passo é ter clareza no propósito, na razão de existir – o que quer ser e para quem.

A seguir, identificar parceiros que estejam engajados neste mesmo propósito e que tenham relevância para o negócio.

Ao concentrar esforços em um número mais restrito de parceiros, podemos obter mais facilmente níveis de colaboração que nos tragam mais eficiência e ganhos adicionais.

E como escolher os parceiros?

Ser líder no mercado em que atua

Ser relevante ao seu negócio. Ter alto grau de inovação Capacitação

Nível de serviços Interesse mútuo

Analisar pontos fortes e fracos de cada um Cobertura geográfica e de serviços

3. Compartilhe informações;
4. Identifique prioridades, alinhe expectativas e trace estratégias e objetivos comuns. Ao alinhar expectativas e traçar objetivos comuns, unificam-se parâmetros na estratégia, no planejamento, na execução e indicadores, garantindo que todos os envolvidos caminhem em uma mesma direção. Todos saberão onde estão, onde querem chegar e como chegarão lá;
5. Defina, conheça e mensure os indicadores básicos que permearão a relação – avaliação simultânea.

Como nenhuma tática é boa o suficiente se não for medida e monitorada, varejistas e fornecedores precisam concordar e acordar medidas conjuntas para todas as táticas;

6. Elabore um plano de ação inicial;
7. Apresente e discuta o mesmo com o parceiro;
8. Execute o plano;
9. Monitore os resultados.

Benefícios/ vantagens:

Trabalhar em colaboração ajuda a atingir vantagem competitiva de um modo mais rápido, mais barato e com menos riscos, além de fortalecer a capacidade de inovar. Empresas inseridas neste contexto, sem dúvida, são mais dinâmicas, mais ágeis, e possuem maior probabilidade de obter maior produtividade, além de sustentabilidade.

Com tantas vantagens, a importância dos modelos colaborativos vem crescendo e se fortalecendo.

De acordo com algumas estatísticas de mercado, nos próximos três anos, o número de empresas para as quais as ferramentas de colaboração são importantes ou imprescindíveis deve subir de 18% para 63%.

Para duas em cada cinco empresas os modelos colaborativos economizam tempo nos processos do dia a dia, sendo que 29% acham que também aumenta a produtividade.

Mais da metade das empresas considera a partilha de conhecimento como o ativo mais importante em se tratando de colaboração.

Para quase a totalidade dos executivos entrevistados, a falta de colaboração/comunicação entre as equipes é fator determinante para falhas em projetos.

Meu cliente não voltou, e agora? **225**

COLABORAÇÃO, A BOLA DA VEZ - VISÃO ECR BRASIL*

Por Claudio Czapski*

Colaboração volta a ser a bola da vez, a solução mágica de todos os problemas que afetam as relações entre fornecedores, varejistas e consumidores.

Pena que não é bem assim: sem dúvida a colaboração permite eliminar muitos retrabalhos – que custam muito dinheiro e trazem enormes ineficiências à cadeia e às relações entre quem nela atua – mas isso não se faz por um toque de mágica. Pelo contrário, é preciso trabalhar bastante, analisar, planejar, combinar o que será feito e fazer de modo orquestrado, para que nos momentos de mudança os problemas não se agravem.

Quando observamos ou ouvimos falar dos "absurdos" que acontecem em determinados mercados ou empresas – como por exemplo, que mais de 10% dos erros de cadastro em grandes varejistas dos EUA são devidos a erros no sistema métrico, confusão entre centímetros e polegadas, quilos e libras, chegamos a achar inconcebível que ainda existam questões tão simples não resolvidas.

Mas será que em nossas empresas não acontece nada parecido?

Vamos pensar o que acontece por exemplo entre as áreas comercial e de recebimento, em um varejo que compre produtos nacionais e importados.

É comum haver erros de cadastro causados no recebimento, quando o funcionário que confronta a nota com o pedido e verifica a mercadoria, tem em mãos documentos com nomenclatura e codificação completamente diferentes entre o pedido do varejista e a nota fiscal do fornecedor, mas em essência parece que tudo está correto. Por exemplo, o pedido é de 500 copos de 300 mk e estão sendo entregues 500 copos de 300 ml, mas com nomes e códigos internos diversos.

Que fazer? Parar o processo e chamar o comprador (muitas vezes no escritório central, longe do CD ou da loja onde o caminhão está com a carga para ser entregue), para assegurar que o modelo está correto? E que fazer nesse meio tempo com outros caminhões na fila? E com a operação do depósito? E será que este zelo será reconhecido como mérito ou considerado falha que impediu o processo de entregas do dia?

E se o recebedor assumir o risco e considerar corretos os produtos, com base na identificação do item (copo de 300 ml) e na quantidade, e cadastrar o recebimento pelo código do varejista, e na realidade foi entregue um modelo equivocado de copo?

Se houvesse colaboração, a cadeia estaria muito menos sujeita a este tipo de equívoco, cujos desdobramentos são complexos (no exemplo, teríamos ruptura do item cadastrado pelas lojas e entrega de um item diferente não cadastrado, estoque virtual, devolução tardia, discussão sobre responsabilidades e custos e muito provavelmente vendas perdidas), resultando em maior eficiência e menores custos.

Para materializar esta colaboração, seria necessário o alinhamento do cadastro entre o fornecedor e o varejista, de sorte a ter a mesma nomenclatura e/ou codificação para o item (ou o uso do código EAN/GS1, universal e já impresso na embalagem do produto, como único identificador de itens), o envio antecipado do espelho da nota fiscal da mercadoria a ser entregue, antes do caminhão ser carregado nas dependências do fornecedor, para uma pré-conferência que agilizaria o processo do recebimento físico, e idealmente também o agendamento da entrega, de forma a minimizar o tempo de espera do caminhão (a entrega eventualmente deveria ser agendada com o operador logístico responsável pela entrega, permitindo-lhe otimizar a roteirização e o uso de seus veículos).

Este seria um exemplo de colaboração – trabalhosa mas resolutiva – incrementando a eficiência da cadeia de abastecimento, reduzindo divergências, falhas e demoras, simplesmente por um processo de planejamento e execução feito conjuntamente pelos envolvidos.

Quem pratica a colaboração ou simplesmente trabalha buscando a otimização de processos, acha inacreditável que este não seja o fluxo normal em todas as empresas, tendo em vista que o esforço de colaboração tem um *pay-back* fantástico. Passa a ser difícil acreditar que ainda há quem pratique um modelo tão nitidamente sujeito a falhas – e que não esteja sequer preocupado em avaliar a eficiência do que faz para buscar melhorias.

Mais grave ainda é quando se tem em mente as margens que se conseguem hoje tanto no comércio como na indústria, onde décimos de pontos percentuais fazem grande diferença.

Meu cliente não voltou, e agora? **227**

O mesmo conceito vale para todas as áreas do relacionamento entre fabricantes e varejistas, do planejamento conjunto de demanda (ou minimamente do alinhamento das previsões de venda entre as empresas) até a execução de loja, da exposição ao merchandising e promoções.

A colaboração não é uma questão de vontade ou de moda, mas sim de eficiência e sobrevivência – e como tal não pode ser relegada a iniciativas pessoais de quem eventualmente acredita no potencial das melhorias que possibilita. Pelo contrário, é um item essencial da agenda estratégica das empresas, que deve ser capitaneado pelo mais alto nível da hierarquia das empresas, e permear sua cultura até a base da organização, pois seguramente não há profissional, que em seu campo de atuação, não tenha possibilidade de implementar melhorias e evitar desperdícios.

A soma dos esforços de todos se traduz em menores custos, menores prazos e maior competitividade.

Em muitos países há iniciativas exclusivamente voltadas à melhora de relações e processos, por metodologias que vão desde as tradicionais ferramentas japonesas de kamban, kaizen, etc., até os trabalhos mais recentes e abrangentes do ECR.

*Claudio Czapski foi superintendente do
ECR Brasil por mais de 20 anos*

Colaborar é preciso

"Quando começamos a pensar e idealizar como seria repaginar e reposicionar o Supermercado Volte Sempre, não imaginávamos quantos detalhes a considerar. Um pilar de extrema importância foi buscar algumas parcerias estratégicas para nos apoiar na definição de sortimento (da definição do mix ideal à execução), na implementação das soluções aos nossos clientes, no desenvolvimento de uma comunicação e marketing e merchandising no PDV integradas e impactantes", destacou Moacir.

Para ter sucesso com o novo modelo de negócio era imprescindível ao Supermercado Volte Sempre uma nova abordagem no relacionamento.

A nova abordagem tinha como pilar a adoção de parceiros estratégicos, base de dados comuns, troca de informações, alinhamento estratégico e colaboração em todas as etapas do negócio.

"Antes mesmo de começarmos a reforma de nossas lojas, já buscamos parceiros estratégicos em nossos setores destinos, como na área de rotisseria e solução "gourmet", para apresentá-los o nosso novo modelo de fazer negócio e convidá-los a participar."

"Além de apresentar nossa estratégia e o novo posicionamento do Volte Sempre, apresentamos um pequeno conteúdo, que chamamos de ´regimento da colaboração`, onde apresentávamos como gostaríamos de trabalhar. O objetivo era avaliar a aceitação e adesão dos parceiros aos nossos princípios, aspectos positivos e negativos – estávamos abertos a ouvir as considerações e alterar o que não fosse adequado e que não fizesse sentido para o nosso novo modelo. Por fim, gerar ideias e um plano de ação efetivo de como deveria ser a relação dentro da perspectiva da colaboração." "No regimento destacávamos, por exemplo, a política de prazo e recebimento de mercadorias, o percentual de *fill rate* mínimo, a política de serviços, considerando sobretudo como seria o processo em caso de eventuais problemas, políticas claras sobre as práticas de trade marketing e ações promocionais. Neste aspecto, o trabalho da indústria deveria seguir a orientação de nossa equipe interna que tinha como base a gestão de cliente. Todo e qualquer material passaria por alguns crivos para avaliar todos os detalhes. Do material em si à mensagem, à forma, ao local que o mesmo seria utilizado, entre outros. Este foi um grande desafio. Na verdade, a proposta era termos ações mais customizadas e orientadas aos nossos shoppers."

"É claro que tivemos opiniões variadas. Uns acharam um absurdo, boa parte gostou da ideia, mas achava difícil implementar. Alguns, partilhando da mesma estratégia, valores e objetivos comuns, e já tendo iniciado uma estrutura de Shopper Marketing em suas organizações aderiram ao projeto e entraram conosco nesta nova era de visão estratégica do shopper."

Na primeira reunião, envolvendo equipe de diferentes áreas – comercial, logística, pesquisa/inteligência de marketing, do próprio marketing, do gerenciamento por categoria, do trade, etc. –, de ambas as empresas, estabelecemos regras, conduta, responsabilidades, foi feito o desenho inicial do plano de ação.

Da logística – de ambas as empresas, vieram os acordos e alinhamentos necessários para garantir a disponibilidade do produto. Objetivo: ruptura zero.

De pesquisa/inteligência viria os *insights* acionáveis, necessários para desenvolver a solução completa ao cliente. Iniciamos pela área "gourmet", que mesmo tendo sido concebida inicialmente de maneira caseira, já mostrava excelentes resultados. Imagine agora com a profissionalização do processo e envolvimento de quem, de fato, entendia do produto em si – o próprio fabricante.

Do Gerenciamento por Categoria, toda a estratégia e plano para a categoria – da definição do papel, estratégia à exposição, promoção, entre outros.

Do trade, maior proximidade e alinhamento para que todas as ações fossem orientadas ao shoppers do Volte Sempre – do planejamento à execução.

Do marketing, todo o planejamento de marketing integrado ao trade orientado pelo shopper.

Do comercial, uma política colaborativa de negócio pautada por uma visão de longo prazo, sem as tradicionais pressões nocivas por prazos e preços impraticáveis. "Adotar um modelo colaborativo não foi fácil. Enfrentamos inúmeras barreiras: políticas, comerciais, culturais, para citar algumas. Foi necessário um trabalho árduo de engajamento da equipe, de fazer valer a cooperação, integração, compartilhamento, transparência e a busca de ganho para todos, sobretudo, ao cliente que tem garantia de um produto e serviço adequado ao longo do tempo", diz André, diretor comercial.

"O pediatra do meu filho dizia que não adiantaria falar come ´brócolis`, se o meu filho não me visse comendo. O engajamento se dá pelo exemplo. Temos aplicado isso no dia a dia de nosso negócio. Uma gestão pelo exemplo." Os próprios donos do Volte Sempre passaram a chegar às 8h, trabalham finais de semana, almoçam no mesmo refeitório que os colaboradores, visitam as lojas, conversam com os clientes.

Estão sempre disponíveis, atenciosos, dedicados.

E o que vem pela frente?

Capítulo

9

E o futuro? Praticando Shopper Marketing

Há uma concordância quase unânime sobre as estratégias de Shopper Marketing serem a evolução natural dos métodos de marketing de varejo praticado por varejistas e fabricantes através da adoção de um modelo colaborativo de negócio e com resultados efetivos para todos – varejo, fabricante e shoppers.

É, sem dúvida, um processo colaborativo que combina as forças intelectuais e organizacionais de cada um para obter o efeito máximo de um plano de marketing direcionado ao shopper.

Mas, por que por aqui não acontece no ritmo que poderia ou deveria, a exemplo de países como Estados Unidos, Alemanha, Itália, Inglaterra ou Ásia? Nesses locais há inúmeras iniciativas e com grande destaque na publicação do Path to Purchase Institute *"Global Perspectives on Shopper Marketing – Best-in-class case histories from aroud the world"* – que traduzindo significa "Perspectivas globais em Shopper Marketing – Os melhores casos ao redor do mundo", cujo último lançamento ocor reu em outubro de 2013.

> ### Entenda Shopper Marketing
>
> De acordo com a visão mais recente da US Retail Comission, Shopper Marketing significa desenvolvimento de ações de marketing e merchandising baseadas em *insigths* visando à satisfação das necessidades de grupos-alvos de shoppers (clientes-chaves), proporcionando melhor experiência de compra e resultados de negócios e valor das marcas para varejistas e fornecedores.

Ainda que se os investimentos direcionados ao ponto de venda para atrair, engajar, converter o shopper no momento da compra venha crescendo de maneira exponencial, temos inúmeros desafios a serem suplantados.

Para citar alguns, do lado do varejo, por exemplo, nos deparamos com o baixo conhecimento e gestão de seus próprios clientes, o que dificulta a construção de uma relação com o shopper de longo prazo. De acordo com dados da pesquisa realizada pela Connect Shopper em maio de 2013, com varejistas de diversos setores, três varejistas em dez possuem de fato uma base de cliente bem estruturada, atualizada, segmentada e gerenciável. Atualizando esta

Meu cliente não voltou, e agora? **235**

236

pesquisa para esta nova edição, pasmem, em pleno 2022, apenas 4 em 10 varejista têm uma base gerenciável sobre seus clientes e aplicam isso em suas decisões para direcionar melhor as ações. E para os varejistas que têm uma base adequada, a grande maioria foca nas ações de comunicação, de ativação promocional, tendo ainda um grande espaço para aplicar o conhecimento e desenvolver ações direcionadas no PDV para atrair, engajar, converter e reter o cliente.

Do lado da indústria, não é diferente, menos de 20% das indústrias têm estudos sobre os seus consumidores e shoppers (Fonte: Connect Shopper: pesquisa realizada em outubro/2022 com varejistas e indústrias) E na prática, pouco envolvimento, engajamento e trabalho colaborativo com seus clientes varejistas na construção de projetos customizados. Há ainda muita "sindicalização " das ações, igual para todos!

Muitas são as variáveis: falta de estrutura, de processos, de métricas e de ferramentas para monitorar as ações, falta de executivos qualificados, falta de alinhamento e integração das diferentes áreas, internas e com os parceiros, falta de reformulação das estratégias de marketing e de comunicação e o mau uso do ponto de venda enquanto ponto de contato essencial com o shopper. Falta, falta, falta!!!

André Laurenti, à época executivo da Coop, destaca que embora o ponto de venda seja, sem dúvida, o melhor canal para estimular e inspirar o cliente a consumir mais e melhor, é necessário que o próprio varejo melhore a forma de utilização de seu espaço. Celso Furtado, ex-diretor de Marketing da Coop e hoje VP de vendas e marketing da ABRAS vai além. "O varejo ainda falha muito na execução. Mesmo quando falamos em uma simples campanha, torná-la funcional, mantê-la bem aplicada, garantir a disponibilidade e boa exposição dos produtos, baixa ruptura é quase um sonho, tudo isso é aspiracional, imagine avançar neste processo e praticar, de fato, Shopper Marketing."

E conclui: "As empresas do varejo, na maioria, ainda estão focadas em buscar resultados de curto prazo, esquecendo-se de buscar valor e de construir resultados de longo prazo". Aliás, execução deve ser a bola da vez, ou deveria ser, para o varejo do século 21.

Unanimidade dentre os entrevistados pela Connect Shopper para este livro são os desafios e oportunidades no tocante à execução. Todos os entrevistados, sem exceção, têm inúmeros senões e considerações sobre os desafios da execução e o quanto se tem por fazer neste contexto. Ainda mais agregando ao ambiente físico o virtual.

SONDAGEM SOBRE O ESTÁGIO DO SHOPPER MARKETING NO BRASIL

Em maio de 2013, a Connect Shopper e o ECR Brasil realizaram uma sondagem com empresários de varejo e indústria com o objetivo de avaliar o estágio atual do Shopper Marketing no Brasil e suas perspectivas. Na etapa quantitativa foram aplicados formulários online através de aplicativo "surveymonkey" e de 300 formulários enviados 118 executivos de cargos de diretoria do varejo e da indústria responderam. Na etapa qualitativa foram realizadas 40 entrevistas pessoais e por telefone.

O levantamento foi consolidado entre setembro e novembro de 2013 e entre as principais constatações, destacam-se:

• Embora Shopper Marketing ganhe força e relevância, por aqui ainda, apenas 20% dos respondentes, de fato, souberam detalhar e aprofundar no conceito, fundamentos e processo;

• Para maioria há muitas dúvidas, desconhecimento e questionamentos neste novo modelo de se fazer negócio;

• A maioria dos respondentes (75%) se classifica em um estágio primário quando o assunto são as práticas de Shopper Marketing;

• Os principais "entraves" são falta de conhecimentos específicos, falta de equipe dedicada e área estruturada, falta de recursos (incluindo financeiros), de profissionais capacitados e com know how para as práticas de Shopper Marketing, pouco conhecimento e patrocínio do varejo e, em muitos casos, faltam processos bem planejados e estruturados;

• Apenas 5% se auto classificaram em um estágio avançado: contam com uma área específica, equipe 100% dedicada, *budget* próprio e plano de negócios e projetos bem delineados, monitoram as ações e mensuram o ROI;

- Outros 15% estão em um estágio intermediário – no geral, as atribuições são compartilhadas entre *consumer insights*, marketing e/ou trade marketing. Não possuem budget próprio, possuem algumas iniciativas, mas não há monitoramento das ações e não conhecem o ROI, porém, há planos de desenvolver a área;
- 5% não sabiam ou não responderam.

Atualmente mais de 90% dos projetos realizados são patrocinados e executados só pela indústria. Há ainda pouca atuação do varejo neste processo.

E de 2013 para 2023, é triste dizer que esses percentuais se mantêm, pouca evolução, na prática. 65% das empresas , ainda hoje se classificam em estágio básico a intermediário, com nota média de 3, em uma escala de 0 a 5.

Embora tenha havido o "boom" do digital e do fortalecimento do ambiente omnicanal, sem dúvida, uma realidade cada vez mais consistente, a grande maioria dos entrevistados apostam na continuidade e fortalecimento do varejo físico.

Levy Nogueira, por exemplo, destaca que "venda a distância por meio eletrônico vai crescer, mas o varejo físico deve continuar forte. Muitas pessoas têm prazer em ir a uma loja, a um supermercado. A ida a um ponto de venda é para muitos momentos de lazer, de trocar experiências, de interagir com as novidades do mercado, área de convívio, entre outros".

O momento é de transformar o PDV em PDR – ponto de relacionamento. E complementa: "O que vamos ter que estar bem atentos é nas ações de relacionamento com o cliente para tornar a ida dele mais prazerosa. Usar da tecnologia de maneira moderada para obter mais interação, melhorar processos e gestão, melhorar operação".

E finaliza: "Gente gosta de gente, quer calor humano, quer atenção. Nada como um bom atendente, especialista, ou expert em determinadas áreas te escutando, conversando e interagindo com você, facilitando seu processo de compra".

Meu cliente não voltou, e agora? **239**

Se os desafios são enormes, também os são os resultados. De acordo com Brian Harris, como vocês poderão acompanhar detalhadamente no artigo que ele escreveu (publicado neste capítulo) especialmente para este livro, praticar Shopper Marketing consiste em:

1. Visão integrada do consumidor e do shopper e entendimento integrado da "Jornada de compra e consumo";
2. Segmentação – identificar segmentos-alvos de shopper (cliente de maior valor);
3. Mudança de cultura organizacional;
4. Iniciativas colaborativas varejo-indústria. Ambos unindo esforços e adotando uma filosofia efetivamente focada no shopper. O varejo, inclusive, deve ser o patrocinador e promover as práticas de Shopper Marketing;
5. Reais benefícios para o consumidor e para o shopper e um melhor retorno sobre os investimentos (ROI);
6. Estruturas organizacionais capacitadas e alocação de recursos para a prática de Shopper Marketing. Faz-se necessário ambas as organizações – varejo-indústria – desenvolverem conhecimentos, competências e habilidades específicas para assegurar que o trabalho desenvolvido seja de alta qualidade e duradouro;
7. Habilidade em gerenciar e disseminar a enorme quantidade de informações disponíveis sobre shoppers e seu comportamento;
8. Transformar as informações geradas em insigths acionáveis (quem, o que, onde, como, quando, porque, que canais e estímulos são mais eficientes para inspirar o Shopper a comprar);
9. Ao varejo, integrar as funções de marketing e merchandising
10. À indústria, envolver a visão varejo em seus processos de Shopper Marketing;
11. Estratégias e objetivos bem definidos e delineados em relação aos shoppers e um plano de ação detalhado.

No plano de ação deve estar bem claro a definição detalhada do "shopper-alvo", toda a proposta de valor para crescer dentro deste grupo – com objetivos e metas específicas, mensuráveis e

240

compartilhadas entre varejo-indústria-, e por fim, todo o programa de atividades/ações considerando cada etapa da jornada do consumidor e shopper.

Adicionalmente, para ter consistência e coerência entre o que se promete e entrega, exige-se uma Comunicação Integrada de Marketing (CIM), que consiste em um conjunto bem planejado e integrado de ações, estratégias e produtos de comunicação com o objetivo de agregar valor à marca e/ou consolidar a sua imagem junto ao seu público-alvo.

Neste contexto, toda e qualquer ação, da utilização das novas tecnologias e presença na web, às diferentes formas de interação/relacionamento com os clientes (SAC, atendimento pessoal, e-mail marketing, mala direta, etc.) devem ser integradas e fazer parte do composto de comunicação.

De acordo com Philip Kotler, eis aí outro grande desafio. "Precisamos entender que a comunicação integrada de marketing é fundamental e desafiadora. O Brasil ainda não tem grandes "maestros" que saibam integrar essa comunicação de fato", diz em entrevista – http://www.administradores.com.br/artigos/marketing/10-mandamentos-de-philip-kotler/70803/.

Isso exige adicionalmente uma mudança significativa também nas agências de publicidade e promoção que devem absorver esta nova orientação e voltar-se efetivamente para essa nova abordagem de visão cliente-shopper.

Princípios básicos de quem quer praticar Shopper Marketing Modelo Colaborativo

- Definição do objetivo estratégico;
- Análise do Ambiente (tendências do mercado, consumo, consumidores e shopper, concorrência);
- Decisões sobre público-alvo e identificação de segmento de interesse a ser trabalhado (Quem);
- Integração em todos os pilares do negócio (dados, processos, comunicação, colaboradores/áreas, etc.);
- Busca de parceiros com interesses similares e sinergias para

Meu cliente não voltou, e agora? **241**

o desenvolvimento do programa conjunto – iniciativa e alinhamento estratégico mútuo: varejo e fabricante integrados e alinhados;

- Identificação dos pontos de colaboração;
- Geração de conhecimento e *insights* (varejo + indústria) sobre cada etapa da jornada de compra, e conforme salienta Walter Faria, CEO do grupo Martins em seu depoimento para a Connect Shopper, é necessário colher informações sobre:

O QUE – referem-se aos produtos/categoria/serviços/marcas, comprados pelos shoppers.

ONDE – refere-se às decisões do local de compra, levando em consideração o tipo (missão) de compra que será realizado – se para o abastecimento regular, se reposição, se uma necessidade específica ou urgência.

COMO – considera todas as informações e *insights* provenientes do comportamento de compra e envolve o processo de escolha e da compra em si. Informações como a compra média, o número de visitas ao ponto de venda, o número de itens comprado, valor gasto por ocasião, a taxa de conversão, entre outros são essenciais.

POR QUE – identificar e explicar as motivações e aspirações que levam um cliente a desejar e a escolher um produto, uma marca e o canal/loja (razões da compra e não compra), bem como quais os estímulos e pontos de contato mais efetivos para inspirar o shopper a comprar.

- Identificação e mapeamento dos pontos de contatos com o shopper e quais as mídias e ações mais adequadas em cada ponto;
- Definição clara dos papéis e responsabilidade de cada um dentro do novo modelo de negócio;
- Elaboração conjunta do plano de negócios e programas de trabalhos/ações com base nos insights gerados e alinhados ao objetivo estratégico;
- Criar métricas e mensurar os resultados.

Fato é que, as práticas de Shopper Marketing devem ser encaradas de maneira estratégica, como um novo modelo de negócio, e não um simples projeto de marketing, comunicação ou de interação com o cliente.

Veja parte da carta que o presidente da Coop, quando da adoção em 2008 da estratégia de visão do cliente escreveu aos seus colaboradores.

"... embora essa atividade – Gestão de Cooperados – esteja sendo coordenada pela área de Marketing, trata-se, na verdade, de uma tarefa plurigerencial, envolvendo todas as áreas da empresa. É uma iniciativa estratégica para a Coop, não é um projeto, mas um novo modelo de negócio, uma nova filosofia de trabalho que deve fazer parte de nosso "DNA". E continua, "é um novo rumo que a cooperativa decidiu adotar e que será mantido ao longo do tempo, pois estaremos permanentemente orientados pelas necessidades, valores, preferências e desejos de nossos cooperados."

A propósito, decidir quem liderará este novo modelo de negócio, é sem dúvida também um grande desafio. O que fazer? Criar uma área específica ou integrá-la em outra?

Ainda que o sonho dos *"shoppers marketers"* seja conquistar seu espaço, ter sua independência, conquistar sua área e orçamentos próprios, no Brasil, na prática, conforme destacado na pesquisa da Connect Shopper e do ECR, as iniciativas de Shopper Marketing ainda concentram-se em sua maioria inseridas em outros departamentos como marketing, comercial, *trade*.

Para que esse sonho se concretize faz-se necessário uma profunda mudança organizacional com revisão de papéis, responsabilidades, processos, para superar as barreiras da superposição de tarefas, de priorização de *budgets*, entre outros.

É uma questão apenas de tempo para a área ganhar o peso merecido.

1. Seja pela necessidade em sobressair-se à concorrência que fica mais acirrada, já que com muito mais acesso tecnológi-

co reduz cada vez mais a diferenciação entre produtos, marcas e lojas, e facilita o processo de interação, mas que por outro lado, exige uma real orientação para o cliente (Shopper-alvo);

2. Seja pelo alto retorno proporcionado pelas práticas do Shopper Marketing;

3. Seja pelo varejo assumindo seu papel de promotor e patrocinador destas práticas;

4. Seja pela maior integração e adoção de modelos colaborativos varejo-indústria, entre outros.

"O que desejamos é uma evolução contínua e consistente para sermos capazes de segmentar a tal ponto de construir uma loja especial para nossos shoppers relevantes, e reconhecer de forma efetiva o cliente quando ele chega às nossas lojas e interagir com ele de forma ainda mais personalizada. Hoje já fazemos algumas interações a partir do momento em que a operadora do caixa digita o registro do cliente, mas ainda são ações bem simples, como sugestão sobre e para a revista Coop, comunicação do retorno que o cliente tem direito. Temos espaço para evoluir muito mais", diz Claudia Montini, ex-executiva da Coop, hoje na Hope.

Enfim, para que os programas de Shopper Marketing aconteçam é imprescindível a combinação das visões do varejo e da indústria e integração aos demais "parceiros" para criar uma solução completa ao shopper, explorando as oportunidades existentes em cada um dos passos da jornada.

E no cenário atual, com o "boom" das novas formas de se fazer varejo: compre e retire, apps, whatsapp, e-commerce, com grandes impactos no ambiente de varejo, diria até, na cadeia do abastecimento como um todo, intensifica-se a necessidade de ações cada vez mais direcionadas para estimular o cliente a desejar e escolher um produto / marca e adquiri-lo em uma determinada loja (físico e/ou virtual).

A palavra de ordem é facilitar todo o processo de compra e consumo, permitindo aos shoppers encontrarem facilmente o que deseja, engajando-os de maneira positiva no processo de compra, convertendo-os e estimulando-os à recompra através da oferta de uma melhor experiência, considerando os diferentes momentos, as diferentes opções de canais.

O novo cenário exige ainda mais uma real e profunda orientação para o cliente e mercado e um olhar integrado da jornada de compra e consumo.

Saímos de um período em que cada um cuidava apenas de seu negócio na cadeia produtiva para um modelo colaborativo, com foco na gestão conjunta em busca de melhorar a experiência do shopper com a marca e loja e de maximizar resultados.

Numa era em que o *on* e o *off* estão cada vez mais presentes nas rotinas de todos e, precisam estar integrados, para oferecer uma proposta também integrada e consistente de todos os Ps – propósito, produto, promoção, preço, PDV (ambiente), prateleira, etc, tendo o público-alvo (shopper-alvo) no centro das decisões. Momento em que ganha ainda mais destaque o gerenciamento por categoria e o shopper marketing.

Desde sua criação, o GC surgiu como resposta para as grandes mudanças que vinham ocorrendo no ambiente competitivo do varejo e, vem sendo uma ferramenta de extrema relevância para melhores decisões de marketing e merchandising, tendo o cliente no centro das decisões.

Com o cenário atual e a evolução do varejo - considerando o boom das novas formas de se fazer varejo – *on & off* – novas adaptações foram necessárias para o desenvolvimento do gerenciamento por categoria, para que o GC se mantenha atual e relevante.

O novo paradigma do momento é o GC numa configuração omnichannel. Assim, os tradicionais 8 passos do processo original foram adaptados para incorporar ainda mais benefícios diante da vasta disponibilidade de dados sobre comportamento de consumidores e shoppers.

Meu cliente não voltou, e agora? **245**

A primeira adaptação considera incorporar de maneira ainda mais profunda e efetiva uma visão holística e integrada do consumidor e shopper e de sua jornada de compra e consumo.

A segunda adaptação considera uma revisão na definição estratégica dos papéis de cada categoria, onde se faz necessário atribuir os papéis estratégicos corretos a cada categoria nos diferentes canais de forma integrada, mas cada qual com clareza em sua proposta de valor, papel e estratégia.

A terceira adaptação tem a ver com incorporarmos um pilar de geração de *insights* acionáveis, compreendendo, avaliando e controlando todos os canais (*on* e *off*) e a jornada integrada de compra e consumo, para oferecer ou pensar em soluções omnichannel, entendendo que as categorias podem assumir diferentes papéis nos diferentes canais, o que nos leva à diferentes estratégias e táticas.

O fato é que, nesta nova era, ser relevante é um requisito essencial à sobrevivência. E tem como foco prioritário buscar novas oportunidades e táticas para que se possa realmente criar diferenciais competitivos. E neste contexto, a colaboração torna-se muito mais relevante, fortalece o conceito de "coopetição", onde até mesmo a concorrência se une em aspectos específicos para otimizar recursos, melhorar produtividade, maximizar resultados, elevar o tamanho do mercado e, juntos fazer crescer o bolo e, daí sim, competir por uma fatia maior deste bolo maior.

Mas o que mudou na prática de 2013 para os dias atuais?

Os novos paradigmas criados pelas novas formas de ser fazer varejo, por conta da alta conectividade e uso mais intenso de tecnologias, representam um significativo desafio para a operação e gestão dos negócios e os métodos, até então considerados comprovados em eficácia, como o Gerenciamento por Categorias por exemplo, precisam se adaptar para sobreviver e continuar tendo sucesso neste novo mundo.

Neste contexto, brinco que o GC já evoluiu para uma efetiva Gestão do Cliente e está conectado à Governança corporativa.

A evolução dos princípios e métodos da gestã e operação no momento atual versam sobre a habilidade de agregar valor no mundo *omnichannel*.

O fato é que a mescla entre físico e virtual, reforçansso oconceito *omnichannel*, é uma realidade. O consumidor de hoje é multicanal e, por isso, espera poder comprar em qualquer lugar quando lhe for mais convenientee prático. E na prátic, ele não faz distinção entre o *on & off*, o que era cria a necessidade desta abordagem *omnichannel*.

E hoje, mais que conectados, exigentes e seletivos, curiosos, multimarcas e multicananais, ávidos por experiência, adotam novos valores que se tornam atributos cruciais para o processo de decisão e compra.

Atributos mais relevantes no processo de escolha:

Ter propósito claro; adotar a diversidade na prática; transparência e vracidade; ações colaborativas; forte apelo a praticidade; simplicidade; conveniência; responsabilidades sociais e ambientais, para citar alguns. (Pesquisa online - Brasil - realizada em outubro 2022 - Connect Shopper)

As ações estão sendo adaptdadas paara enfrentar os desafios que fabricantes e varejstas encontram de diferentes maneiras nesta nova era *omnichannel*. A primeira deve ser para incorporar os benefícios da ampla disponibilidade de informações sobre shoppers e comportamento de compra, para assim trazer uma perspectiva mais ampla, holística e integrada do consumidor e do shopper ao processo, com vistas a gerenciar o negócio de modo a influenciar positivamente o processo decisório e o comportamento de compra seja ele físico ou virtual.

Esta visão holística vai exigir o uso mais intenso de dados para tomada de decisão e aqui estão alguns desafios: barreiras culturais, estruturais, sistêmicas, metodologias, tecnologias e ferramentas, ter pessoas orientadas por dados, perfis analíticos, etc.

E por fim, diante de muitas opções, nesta nova era a "relevância" será um requisito essencial à sobrevivência e, a colaboração entre fabricantes e varejstas será uma fonte ainda mais importantes para o desenvolvimento de diferenciais competitivos.

Meu cliente não voltou, e agora? **247**

Você está preparado? Veja a seguir a visão do maior especialista no assunto, Brian Harris, criador do Gerenciamento por Categoria.

A NOVA ERA DO MARKETING

Por dr. Brian Harris*

A publicação deste livro é muito oportuna. Nos últimos anos, os princípios e métodos de Shopper Marketing passaram a ocupar uma posição de destaque no campo do marketing de bens de consumo. A evolução do marketing do foco clássico centrado no consumidor para uma abordagem mais ampla e completa, integrando consumidor e shopper, ajudou varejistas e fabricantes a encontrar novas maneiras de diferenciar suas lojas e marcas nas mentes de seus consumidores-alvo e shoppers. Nós agora claramente estamos na nova era do marketing do consumidor e do varejo, uma era na qual o shopper e o entendimento do seu comportamento se tornaram requisitos indispensáveis para o sucesso. Não basta mais ser apenas um especialista no entendimento do consumidor. A chave do sucesso está no entendimento que o comportamento do consumidor e do shopper está intimamente relacionado, e que este comportamento integrado oferece os *insights* nos quais se fundamenta a construção de novas estratégias e vantagens competitivas.

Entretanto, como costuma ocorrer com qualquer novo e excitante método ou processo de negócios, existe um certo grau de confusão e entendimento equivocado em relação ao significado e escopo do Shopper Marketing.

Este livro vem em momento oportuno para desenvolver um claro entendimento do significado, escopo e o que é necessário fazer para se ter sucesso na implantação desta nova abordagem no varejo brasileiro de bens de consumo e das marcas da indústria. É muito importante que tanto varejistas como fabricantes tenham a mesma visão e entendimento do Shopper Marketing quando se propõem a utilizá-lo, em qualquer país. É muito importante que os varejistas e fabricantes brasileiros aproveitem os aprendizados obtidos por experiências de outros países sobre a utilização prática do Shopper Marketing nas empresas, desenvolvendo as capacitações necessárias para capitalizar os importantes benefícios que essa prática pode trazer para suas organizações. Este livro oferece informações essenciais para assegurar que a curva de aprendizado no Brasil seja tão breve e esclarecedora quanto possível.

Razões

O rápido desenvolvimento das técnicas de Shopper Marketing ocorreu pelo impacto combinado de uma série de tendências e desenvolvimentos setoriais. As mais importantes, entre elas, são as necessidades e demandas de uma nova geração de shoppers. Estes shoppers mais novos têm diferentes estilos de vida, expectativas e comportamentos de compra, com o que novas abordagens são necessárias para se comunicar com eles e motivá-los. As amplas opções de compras multicanal, especialmente canais digitais hoje disponíveis para praticamente todos os tipos de produtos, têm desafiado as abordagens tradicionais de marketing e criado novas oportunidades. Outras tendências que geraram oportunidades para o desenvolvimento do Shopper Marketing incluem os crescentes esforços de varejistas de criarem diferenciação através da experiência única de compra em seus estabelecimentos, a crescente disponibilidade de informações detalhadas sobre o comportamento dos shoppers e o uso destes *insights* para desenvolver novas e mais relevantes propostas de valor para os shoppers, bem como as mudanças que os fabricantes estão promovendo na alocação de suas verbas de marketing, direcionando um crescente volume de recursos para as mídias mais capazes de impactar o comportamento dos shoppers no ponto de venda, em lojas físicas ou virtuais. O poder combinado destes desenvolvimentos recentes representa o principal desafio para os processos tradicionais utilizados por muitos varejistas e fabricantes. Novas abordagens se fazem

Meu cliente não voltou, e agora? **249**

necessárias, e o Shopper Marketing oferece um guia e as ferramentas para que os varejistas e fabricantes consigam capturar os benefícios oferecidos pelas novas tendências.

Princípios

Para compreender o Shopper Marketing é necessário entender os princípios que o fundamentam. Estes princípios são relativamente simples, mas têm grande poder de transformação, tanto para o varejo como para a indústria. O princípio mais relevante é que o Shopper Marketing se baseia na visão integrada do consumidor e do shopper. Isto se reflete no conceito integrado da "Jornada do Consumidor e do Shopper", que é um componente essencial do processo de Shopper Marketing. O conceito de "jornada" reconhece que os processos de comprar e de consumir se iniciam com as necessidades e expectativas de um consumidor, que criam a motivação ou a "missão de compra" para o consumidor, quando ele ou ela passa para o papel de shopper. A missão então orienta várias decisões e escolhas que são feitas ao longo do processo de compra (quais lojas, sites, categorias, marcas, produtos). Estas decisões são avaliadas após a compra ter sido feita, entendendo a satisfação com as experiências vividas, quando o shopper volta ao papel de consumidor. De acordo com o resultado desta avaliação, as experiências tendem a ser repetidas ou modificadas na próxima jornada. O referencial integrado oferecido pela jornada permite um conhecimento mais completo tanto do comportamento do consumidor quanto do shopper e as conexões entre estes dois comportamentos, oferecendo os subsídios para os *insights* de oportunidades que podem ser exploradas ao longo da jornada. Estes *insights* são a base para decisões individuais e compartilhadas de varejistas e fabricantes, visando a influenciar a escolha de canais, lojas, sites, produtos e marcas.

Existem diversos outros princípios básicos do Shopper Marketing:
1.   É necessário adotar uma perspectiva de segmentação. Consumidores e shoppers precisam ser segmentados com base

em suas diferentes características e comportamentos. Não há mais espaço para o conceito de um consumidor ou shopper "típico". Análises de segmentação identificam segmentos-alvo de shoppers e permitem aos varejistas e fabricantes alinhar ações voltadas a grupos de shoppers e consumidores nos quais tenham interesses comuns.

2. O Shopper Marketing precisa ser patrocinado e promovido pelo varejo. Se os varejistas não acreditarem nos benefícios de negócio possibilitados por esta abordagem, as iniciativas desenhadas pelos fabricantes e suas agências não atingirão seus objetivos para o shopper, o varejista ou o próprio fabricante. Este foi um aprendizado consistente nos EUA e na Europa. Quando o varejista adota uma filosofia efetivamente focada no shopper, a habilidade em despertar conhecimentos e recursos aportados pelos fabricantes são alavancados, permitindo a criação contínua de vantagens competitivas relevantes.

3. Para capturar o máximo de valor, o Shopper Marketing precisa ser uma iniciativa colaborativa. O poder de combinar insights de shoppers e consumidores em propostas de valor diferenciadoras para os shoppers depende de *inputs* do varejo e do fabricante.

4. O Shopper Marketing precisa produzir reais benefícios para o consumidor e para o shopper. Em outras palavras, o Shopper Marketing não pode simplesmente oferecer ao shopper uma promoção de desconto que tem pouco ou nenhum impacto nas vendas de longo prazo, e que tem maior probabilidade de reduzir a fidelidade à loja do varejista e à marca do fabricante envolvido na promoção. O foco do Shopper Marketing é a criação e entrega de propostas de real valor a segmentos específicos de shoppers e consumidores e que tenham potencial de crescimento e resultados para o varejo e para a indústria. Shopper Marketing não se trata de promoções de curto prazo.

5. Como resultado, o Shopper Marketing precisa entregar um melhor retorno sobre os investimentos (ROI) do que os níveis de resultado tipicamente gerados pelas ações promocionais tradicionais dirigidas a shoppers e consumidores.

6. Provavelmente, o princípio básico mais importante é que para que o Shopper Marketing tenha sucesso e traga resultados sustentáveis, é preciso que os varejistas e fabricantes envolvidos tenham estruturas organizacionais capacitadas para isto. O desenvolvimento dos conhecimentos, competências e habilidades deve ser um processo contínuo para assegurar que o trabalho desenvolvido seja de alta qualidade.

São estes princípios que distinguem o Shopper Marketing do marketing tradicional e orientam a implementação de práticas e processos vitoriosos em empresas de diferentes países. Este livro oferece um elenco de aprendizados que ilustram como alguns ou todos estes princípios estão transformando o marketing de varejistas e fabricantes, criando a próxima geração do marketing.

Aprendizados

Existem diversos aprendizados-chave para se ter sucesso com o Shopper Marketing. Talvez o mais importante seja a real necessidade de mudança da cultura em muitas organizações. Para alguns, talvez a maioria das empresas, o modelo tradicional de Marketing de Consumo e suas práticas consagradas estão tão cristalizadas na cultura da empresa que a necessidade de reinventar o modelo, contemplando o shopper e o consumidor, sofre forte resistência. Indústrias que tomaram medidas estruturadas para facilitar esta transição estão percebendo vários benefícios, em especial maior fidelidade, percepção de valor das marcas, volume de vendas e participação de mercado, e, ainda mais importante, uma perspectiva de longo prazo, desenvolvendo uma nova cultura de marketing, necessária ao sucesso no futuro.

Para os varejistas, os desafios de vencer as barreiras que culturas organizacionais e práticas estabelecidas oferecem quando se trata de implementar estratégias focando o shopper são parecidos. A tradicional separação das funções de merchandising e marketing no varejo, por exemplo, pode se constituir em uma importante barreira. Varejistas adotando abordagens e estruturas integradas estão assumindo a liderança na nova era de Shopper Marketing no varejo.

252

Outro grande desafio para se avançar na implementação do Shopper Marketing é a habilidade de gerenciar a enorme quantidade de informações atualmente disponíveis sobre shoppers e seu comportamento. Este desafio será ainda mais complexo com a expansão do ambiente de compra multicanal e o comércio virtual. Para vencer este desafio, é imprescindível que haja estratégias e objetivos claros em relação aos shoppers, para que sejam coletadas, analisadas e compartilhadas as informações pertinentes às decisões que devem ser tomadas para atingir os objetivos traçados para o Shopper Marketing.

Um aprendizado-chave obtido com as experiências atuais, é que a menos que os esforços de Shopper Marketing sejam dirigidos a segmentos de shoppers/consumidores claramente definidos, e com objetivos específicos para cada segmento-alvo, o retorno sobre os investimentos em Shopper Marketing pode ser frustrante.

O desafio da gestão de dados sobre shoppers pode ser especialmente complexo para os varejistas, uma vez que eles tendem a ser os principais geradores e detentores destes dados. Os varejistas que tentam extrair *insights* valiosos das grandes bases de dados de que dispõem, com a ajuda dos fabricantes ou de outros especialistas externos, aumentarão expressivamente a probabilidade de maximizar os benefícios que estas bases de dados podem propiciar se administradas de modo integrado.

Também o nível de capacitação que as organizações dos varejistas e fabricantes envolvidos em um programa de Shopper Marketing tenham para executar as atividades demandadas por este programa será determinante do grau de resultados obtido. Novos conhecimentos, habilidades e atitudes em relação à colaboração são necessários. O desenvolvimento permanente destas competências exige um esforço contínuo para recrutar, treinar e recompensar as pessoas adequadas para desenvolver o trabalho relacionado ao Shopper Marketing. Isso não é nenhum aprendizado novo, mas é um ponto extremamente relevante para o sucesso, uma vez que o Shopper Marketing tem

Meu cliente não voltou, e agora? **253**

forte impacto nas organizações e no relacionamento entre varejistas e fabricantes.

A hora é agora!

Assim como em mercados desenvolvidos, os consumidores e shoppers do Brasil estão mudando radicalmente. O consumidor e shopper "típico" do passado estão migrando para uma nova geração com novas necessidades, aspirações, demandas e comportamentos. Essas mudanças estão desafiando muitas das estratégias e métodos de negócio que varejistas e fabricantes têm usado para impulsionar o seu sucesso até agora. Novas abordagens baseadas em novos *insights* sobre essas mudanças de comportamento são exigidas para atingir o sucesso na próxima década. O Shopper Marketing é um passo lógico dentro da evolução dos métodos de marketing. Ele fornece a base integrada do comportamento de consumidor e shopper exigida para uma tranquila transição para a nova era das práticas de marketing. Varejistas e fabricantes que fizerem os acordos necessários e corretos para esse novo modelo de negócio, e o fizerem à frente de seus competidores, colherão as maiores recompensas.

*Dr. Brian Harris foi o criador do Gerenciamento por Categoria, é um dos maiores especialistas em shopper marketing e fundador & Chairman da The Partnering Group.

Shopper Marketing - Como fizemos?

Por Moacir dos Santos, presidente da rede

A decisão de se criar uma empresa centrada no cliente – no shopper, não foi uma tarefa fácil, exigiu muito planejamento, metodologia de trabalho, equipe altamente capacitada, processos rígidos, excelência na execução, métricas e mensuração das ações.

Tivemos uma conquista significaiva já nas primeiras iniciativas com a adoção da campanha para criação e estruturação da base de clientes.

Adicionalmente, foi possível usar as informações disponíveis para implementar ações direcionadas (campanhas personalizadas, criação da solução gourmet, entre outras) com resultados significativos para nossa rede. Mas foi um trabalho árduo de adoção, adaptação, melhoria e criação de novos processos, treinamento e engajamento de colaboradores, contratação de consultorias que assessoraram do planejamento à execução garantindo a excelência do trabalho.

"Que estamos no caminho certo, temos certeza. Afinal, revertemos o quadro de perda de *share* e hoje voltamos a liderar o mercado na região e digo que até com uma margem que nos dá certa tranquilidade e segurança", disse Moacir. Ademais, imprescindível foi a reversão do quadro de perda de clientes. Hoje, a taxa de retenção anual chega a 80%. De acordo com as estatísticas de mercado a taxa média de retenção é da ordem de 30%. Apesar de tudo o que já foi desenvolvido e dos resultados alcançados, a empresa tem, ainda, muito a fazer na interação e proximidade com clientes relevantes e parceiros que compartilham suas visões.

"Como já comentei anteriormente, encaramos a estratégia de visão do cliente não como um projeto, mas sim como nosso novo modelo de negócio. E enquanto esse modelo vem se consolidando dia após dia – claro que com a humildade de realizarmos os ajustes necessários no modelo –, e nos permitindo realizar ações mais direcionadas e tomar nossas decisões embasadas e orientadas aos nossos shoppers, novos desafios vão surgindo e exigindo novas implementações, metas, processos, desafios e ajustes.", explicou o proprietário a rede.

"Já estamos nas redes sociais com uma equipe cuidando de cada interação com o cliente. E neste ponto, quero dar uma dica, já até sabida, mas vale reforçar. Caso não tenha uma estratégia clara de interação, de respostas, de monitoramento, com planejamento e execução adequados, melhor não entrar nelas. Aliás, o mundo virtual está nos rondando diariamente. O que fazer? Entrar no e-commerce ou não? Como lidar com a tendência do multicanal. Bem, este será um excelente tema para discutirmos em nossa próxima reunião. Julho de 2013.

O ano é 2023

A decisão tomada há 10 anos de ter uma empresa verdadeiramente centrada no cliente fez toda a diferença. Hoje a rede Supermercados Volte Sempre conta com 10 lojas, várias modalidades de atendimento e resultados muito acima da média.

"Se você coloca verdadeiramente o cliente no centro das decisões, não há como dar errado", enfatiza Moacir, e complementa: "Mas é um processo e exige recursos, investimentos e como a Fátima sempre dizia "não cair no conto da sereia", ou seja, se perder de sua essência...

Capítulo

10

E aí?
O cliente
voltou?

E Aí? O cliente voltou?

Após todas as mudanças pelas quais o Volte Sempre passou, e frente as inúmeras ações desenvolvidas para engajar, converter e, sobretudo, reter o cliente, o seu presidente Moacir foi chamado a um evento de empresários do setor, para falar da experiência e principalmente fazer um balanço sobre o que deu certo, os obstáculos e desafios, o que não funcionou e para dar um alerta a seus pares.

Moacir abriu sua apresentação resumindo...

"Se por um lado, atingimos com primazia a reversão do quadro de perda de cliente, mantendo a nossa taxa anual de retenção na casa de 70%, por outro lado, a nossa expectativa de recuperar clientes perdidos não foi tão boa quanto gostaríamos. E nem tão simples como imaginávamos.

Embora a cada ação desenvolvida para recuperar "abandonadores", chegávamos a uma taxa de conversão entre 8% e 10%, a exemplo de nossa primeira campanha onde das 20 mil famílias impactadas convertemos aproximadamente 2 mil clientes, os recursos destinados para tal projeto são extremamente elevados, os esforços gigantescos e o retorno bem difícil de se efetivar.

Por isso, reafirmo, esteja sempre muito atento e faça o que for necessário para manter seus clientes, principalmente os preferenciais, pois se exige muito para recuperar os abandonadores, e sem garantias de efetividade nos resultados.

Trabalhem continuadamente para evitar perder clientes. No fim, o custo é infinitamente menor, acreditem.

Faça, no mínimo, o básico bem feito. E isso passa por oferecer:
• Produto adequado, aquele que o cliente efetivamente quer encontrar;
• Loja bem organizada, limpa, com boa iluminação e sinalização;

Capítulo

10

E aí?
O cliente
voltou?

E Aí? O cliente voltou?

Após todas as mudanças pelas quais o Volte Sempre passou, e frente as inúmeras ações desenvolvidas para engajar, converter e, sobretudo, reter o cliente, o seu presidente Moacir foi chamado a um evento de empresários do setor, para falar da experiência e principalmente fazer um balanço sobre o que deu certo, os obstáculos e desafios, o que não funcionou e para dar um alerta a seus pares.

Moacir abriu sua apresentação resumindo...

"Se por um lado, atingimos com primazia a reversão do quadro de perda de cliente, mantendo a nossa taxa anual de retenção na casa de 70%, por outro lado, a nossa expectativa de recuperar clientes perdidos não foi tão boa quanto gostaríamos. E nem tão simples como imaginávamos.

Embora a cada ação desenvolvida para recuperar "abandonadores", chegávamos a uma taxa de conversão entre 8% e 10%, a exemplo de nossa primeira campanha onde das 20 mil famílias impactadas convertemos aproximadamente 2 mil clientes, os recursos destinados para tal projeto são extremamente elevados, os esforços gigantescos e o retorno bem difícil de se efetivar.

Por isso, reafirmo, esteja sempre muito atento e faça o que for necessário para manter seus clientes, principalmente os preferenciais, pois se exige muito para recuperar os abandonadores, e sem garantias de efetividade nos resultados.

Trabalhem continuadamente para evitar perder clientes. No fim, o custo é infinitamente menor, acreditem.

Faça, no mínimo, o básico bem feito. E isso passa por oferecer:
- Produto adequado, aquele que o cliente efetivamente quer encontrar;
- Loja bem organizada, limpa, com boa iluminação e sinalização;

- Produtos bem expostos;
- Equipamentos e instalações adequados;
- Atendimento de primeira. Equipe engajada, disponível, cordial, que seja capaz de ajudar/apoiar o cliente a esclarecer dúvidas, a solucionar um problema, e até apoiá-lo na tomada de decisões;
- Cuide de cada detalhe;
- Tenha o cliente em suas estratégias e como pilar básico para quaisquer ações;
- Oriente-se pela ótica do cliente também nas negociações com os parceiros comerciais, agências, entre outros.

Envolva a equipe em cada processo, na construção das metas, e até mesmo nas decisões. Uma vez engajados, estarão comprometidos com as metas. Você se surpreenderá.

Uma coisa importante: o mundo muda, o mercado muda, a concorrência muda, o cliente também! Portanto, monitore continuadamente o mercado, a concorrência e o cliente, para estar sempre à frente. E quando necessário, seja ágil para corrigir rotas.

Desde 2014 quando este livro foi escrito, muitas ações foram realizadas para que a empresa se mantivesse ativa, com crescimento sustentável. Grandes foram as conquistas. Há cinco anos, de olho nas oportunidades de mercado e com o cliente no centro de suas decisões, entraram de maneira consistente no *e-commerce*. Por conta dos entraves e barreiras logísticas complexas, optaram pelo compre e retire. Um sucesso. Quando a Pandemia chegou, os meios digitais já estavam estruturados, garantindo certa tranquilidade. Embora, com o confinamento e o boom das compras via compre-retire, foi necessário ampliar o número de pessoas para separação, ampliar o espaço dedicado para a retirada de mercadoria, entre outros. Hoje, as vendas *on-line* respondem por quase 20% das vendas do Supermercado Volte Sempre.

"Quando você possui verdadeiramente o cliente no centro de suas ações e decisões, independentemente dos desafios que se apresentem, conseguimos responder de maneira rápida e fluída às suas necessidades, e os resultados acontecem", diz Manoel.

Meu cliente não voltou, e agora? **261**

O ano é 2023

O fato é que estamos diante de um mundo em plena transformação, com novos modelos de negócios novas formas de se fazer varejo (*on & off*), o que era simples ficou muito mais complexo. Complexidade que se intensificou ainda mais com os reflexos da Pandemia da Covid-19, com o grande avanço da digitalização e conectividade, que trouxe impactos significativos nas formas de convivência em todo o mundo.

Do lado dos consumidores e shoppers, temos um cliente conectado, com mais informações, poder de escolha e decisão, sem tempo, em busca de agilidade, praticidade e conveniência e, com novas necessidades a serem atendidas, em busca da personalização, do foi feito para mim, de se sentir especial.

O novo cenário, os novos consumidores e a nova dinâmica de mercado elevaram a régua da exigência, o que nos obriga a ultrapassar as relações meramente transacionais - de compra e venda -, para ir para um patamar de conexões emocionais, com a construção de relacionamentos verdadeiros, contínuos e relevantes.

Aprender a viver no tal da "era da experiência do cliente" e ir além. E quando falamos em "experiência", temos que considerar dois elementos essenciais: **percepção e interação**.

E aí surgem novos conceitos, como o Customer Experience (CX) ou **Experiência do cliente**, nome que se dá para o **conjunto de percepções e impressões** que um consumidor/cliente possui sobre uma determinada empresa após **interagir** com ela.

Podemos dizer que para promover uma boa experiência do cliente faz-se necessário estabelecer um relacionamento real, relevante e contínuo, considerando cada etapa de sua jornada de compra, consumo e uso, de forma integrada (antes, durante e após a compra).

Essa nova realidade, exige, ainda mais, termos, verdadeiramente, o cliente no centro das nossas decisões.

E como fez o supermercado Volte Sempre, que colocou o cliente no centro permeando todas as áreas, todos, sem exceção, precisam praticar a #shoppercracia.

Lembre-se que promover uma boa experiência de compra começa por garantir o básico bem-feito, trabalhando de maneira integrada e efetiva em cada etapa da jornada do cliente: da necessidade e busca, à compra, pagamento, uso e pós-compra, considerando os três pilares essenciais: Esforço (*effort*), Emocional (*emotion*) e Sucesso (*success*).

Com o "boom" do digital, agregamos ao básico dois componenentes relevantes: **velocidade e facilidade.**

E o que nos espera no futuro?

Predizer o futuro não é tarefa fácil, sobretudo nos dias atuais, onde "instabilidades" são constantes, políticas econômicas sociais, ambientais, etc.

Mas algumas variáveis não podem ser negligenciados:
- Pessoas no centro: feito de gente para atender gente;
- O básico bem feito - todos os Ps conectados;
- Tecnologias como meio;
- Capitalismo consciente na prática (ESG);
- Jornada Integrada: compra e consumo;
- *High tech* caminhando junto com *high touch*;
- *On & Off* integrdos;
- O uso de dados.

Bons negócios!

Referências bibliográficas

AAKER, D.A. Administração estratégica de mercado. 7a. ed. Porto alegre: Bookman, 2005.

ABASTECIMENTO. Fisgando o consumidor. Revista Abastecimento –A revista do varejo de vizinhança. São Paulo, ano 5,n. 35, pg. 18-21, set-out, 2012.

ABASTECIMENTO. Saída para o crescimento. Revista Abastecimento –A revista do varejo de vizinhança. São Paulo, ano 5, n. 35, pg. 22-29, set-out, 2012.

ABASTECIMENTO. Ideias para destacar sua loja. Revista Abastecimento –A revista do varejo de vizinhança. São Paulo, ano 5, n. 37, pg. 38-44, jan-fev, 2013.

ABEP. Associação Brasileira de Empresas de Pesquisa. ABEP news. Disponível em: http://www.abep.org/novo/Content.aspx?SectionCode=eNews&KeyWords=Noticias. Consulta ao site em 22 de junho de 2010

ABRAS. Empresa voltada para o cliente. Revista SuperHiper. São Paulo, v. 18, n. 8, pg. 44-86, agosto 1992.

Alguns Homens, Uma Idéia. Revista SuperHiper, São Paulo, v. 19, n. 6, p. 112-118, junho 1993.

Só vai ter sucesso quem estiver disposto a mudar. Revista SuperHiper, São Paulo, v. 19, n. 10, p. 96-98, outubro 1993.

Ranking Abras de Supermercados. Revista SuperHiper, São Paulo, abril 2013.

ALVAREZ, F.J.S.M. Trade marketing: a conquista do consumidor no ponto-de-venda. São Paulo: Saraiva, 2008.

AMIS. Série Especial Neoconsumidor. Revista Gôndola. Minas Gerais, n. 214, pg. 18-29, novembro, 2013.

ANAMACO. Riscos e Oportunidades. Revista Anamaco. São Paulo, ano XXIII, n. 245 pg. 34-55, outubro, 2013.

BANCOS chegam aos supermercados. Gazeta Mercantil, São Paulo, p. 30, junho 1994.

BLACKWELL, R.D.; MINIARD, P.W.; ENGEL, J.F. Comportamento do consumidor. 9. ed. São Paulo: Pioneira Thomson Learning, 2005.

CAMPOMAR, Marcos Cortez; IKEDA, Ana Akemi. O Planejamento de Marketing e a Confecção de Planos, Dos conceitos a um novo modelo. São Paulo: Saraiva, 2006.

CAMPOMAR, Marcos Cortez. O Sistema de Marketing. Texto entregue em sala de aula. São Paulo, 2009.

CAMPOS, Vera. Dominamos 75%. Revista SuperHiper, São Paulo, v. 9, n. 3 , p. 32-6, março 1983.

CYRILLO, Denise Cavallini. O Papel dos Supermercados no Varejo de Alimento. São Paulo: IPE-USP, 1987.

COBRA, Marcos. Administração de Marketing. São Paulo: Atlas, 1992.

ECR. Efficient Associação Brasileira de Empresas de Pesquisa. Disponível em: http://www.ecrbrasil.com.br/ecrbrasil/page/saibatudosobreecr.asp Acesso em 2 de fevereiro de 2010.

EXPO SHOPPER MARKETING CHICAGO / EUA, 2012 e 2013.
GLOBAL PERSPECTIVES ON SHOPPER MARKETING. Best in class case histories from around the world. Path to Purchase Institute, 2013
GUIA DA FARMÁCIA. Varejo – Ideias que promovem vendas, ano XX, no. 245, abril de 2013 – Contento.
GUIA DA FARMÁCIA. Especial Gerenciamento por categoria, ano XX, no. 250, setembro de 2013 – Contento
HARRIS, Brian. The Next Generation of Best Practices Category Management. The Partnering Group, 2008. ECR Europe
INGOLD, Roger. O Varejo de Volta para o Futuro. São Paulo: ATLAS, 1990.
JENKINS, Henry. Cultura da Convergência. Trad. Suzana Alexandria. São Paulo: Aleph, 2008.
KAHLE; BEATTY; HOMER, 1986, NOVAK; MACEVOY, 1990, THOMPSON; TROESTER, 2002
KOTLER, Philip. Administração de Marketing: a edição do novo milênio. 10a. Ed. São Paulo: Prentice Hall, 2000.
KOTLER, Philip; ARMSTRONG, Gary. Princípios de Marketing. 12. ed. São Paulo: Pearson Prentice Hall, 2007.
KOTLER, Philip. Disponível em http://www.administradores.com.br/artigos/marketing/10-mandamentos-de-philip-kotler/ 70803/. Consulta ao site em 27 de janeiro de 2014
LODY, João Bosco. Simplificar a estrutura. Revista SuperHiper, São Paulo, v. 19, n. 10, p. 146, outubro 1993.
MOWEN & MINOR 2003, p. 3 apud PRADO (2008),
MUSSOLINI, Carlos Henrique. O Setor de Supermercados no Brasil. São Paulo: BANCO ITAÚ, 1977.
NO VAREJO. Avaliando a experiência de compra. No Varejo. São Paulo, ano 5, pg. 60-63, mar-abr, 2013.
NRF – National Retail Federation, 2011, 2012 e 2013 – Debates e Estudos de Casos.
PEPPERS & ROGGERS GROUP. CRM Series – Marketing 1 to 1. São Paulo, 3a. edição, 2004.
POPAI Brasil. Disponível I em: http://www.popaibrasil.com.br/sobre-popai-brasil/Acesso em 25 de agosto de 2013.
PROENÇA, M.C. Marketing Business to Consumer. In VINIC, R. (Corord). Varejo e Cliente. São Paulo: DVS Editora, 2004.
PROENÇA, M.C. Marketing de Varejo: panorama mundial, contexto brasileiro e principais desafios. Apostila entregue em sala de aula. São Paulo, setembro de 2009.
REICHFIELD, F.F.; SASSER Jr., W.E. Zero defections: quality comes to services. Harvard Business Review. Setembro/outubro, 1990, p.105-111.
SEBRAE. Manual Como Elaborar uma Pesquisa de Mercado. Belo Horizonte: SEBRAE/MG, 2005
SHET, MITTAL & NEWMAN (2001, p. 29)
SILVA, Joaquim Caldeira da. Merchandising no Varejo de Bens de Consumo. São Paulo: ATLAS, 1990.

SOLOMON, M.R. Comportamento do Consumidor: comprando, possuindo e sendo. 5. ed. Porto Alegre: Bookman, 2005.
SUPERMERCADOS: 50 Anos de Supermercados no Brasil. São Paulo: Fundação Abras, Informe Comunicação, 2002.
TAVARES, Mauro Calixta. Instituições de Comercialização de Alimentos: o impacto do auto-serviço. Belo Horizonte: UFMG, 1984.
UMS – Universidade Martins. Guia de Categorias Varejo 2010, detalhes em www.umv.com.br
WATANABE, Mário. Finalmente Primavera. Revista SuperHiper, São Paulo, v. 19, n. 9, p. 110-118, setembro 1993.

Referências diversas:
(HAKANSSON e SNEHOTA, 1995 e LAMBERT e COOPER, 2000 - adaptado de Comportamentos adotados por redes varejistas e fornecedores em um relacionamento colaborativo - Prof. Dr. Gessuir Pigatto (UNESP/TUPA/CEPEAGRO) e Profa. Dra. Rosane Lúcia Chicarelli Alcântara (GEPAI/DEP/UFSCAR)
(Day e Montgomery, 1999)
Arbache et al. ("2004)
Spekman (1988)
Morgan e Hunt (1994)
Anderson e Narus, 1987

Pesquisas realizadas com varejista e consumidores – maio/2013
• Pesquisa quantitativa via internet – 138 varejistas
• Pesquisa qualitativa – grupo de disussão com consumidores – 3 grupos cidade de São Paulo, Recife e Porto Alegre
• Pesquisa quantitativa via cati – 100 enrevistas com consumidores / shoppers
Pesquisas realizadas pela Connect Shopper com varejista e consumidores – outubro/2020

Entrevistas/depoimentos exclusivos para o livro
Ana Fioratti, diretora executiva da Advantage Group Brasil
Adeilton Feliciano do Prado, presidente Supermercados Pag Poko e vice-presidente da Abras
Andre Laurenti, trade marketing Coop
Antonio José Monte, presidente da Rede Brasil
Antonio Sardinha, diretor comercial Tenda Atacado
Atanazio dos Santos Netto, diretor operacional da rede A.Angeloni
Brian F. Harris, Ph.D, Co-chair of the US Retail Commission on Shopper Marketing and the ECR Europe Consumer & Shopper Journey Industry Initiative
Carlos Correa, superintendente da Apas
Carlos Eduardo Severini, diretor do Tenda Atacado

Celso Furtado, ex- gerente de marketing da Coop atual VP da Abras
Claudia Montini, ex-coordenadora de marketing da Coop, atual Grupo Pereira
Claudio Czapski, consultor e ex- superintendente ECR Brasil
Claudio Zanão, presidente da Abima
Cyro Gazola, ex-SVP & general manager da Philips Consumo Brasil
Diego Oliveira, diretor de mídia da Ipsos
Eduardo Bonilha, especialista em gestão estratégica de clientes
Everton Muffato, diretor do Grupo Muffato
Fernando Alfano, diretor de operações Tenda Atacado
Fernando Bara, diretor geral Tenda Atacado
Fortunato Leta, presidente da rede Zona Sul
Geraldo Aniceto, proprietário do Supermercado São Sebastião
João Carlos Galassi, presidente da Apas e Supermercados Galassi
João Carlos de Oliveira, presidente da GS1 Brasil
João Severino Neto, presidente do Super Mercadinhos São Luiz
Jorge Kodja, especialista em estudos de Shopper
José do Egito, presidente da Abad e presidente da Rede Jotuge Distribuidora
Leonardo Pellegrino, especialista em varejo
Levy Nogueira, presidente do grupo DMA
Marta Borges, especialista e gestora de categoria da Coop
Olegário Araújo, diretor da Nielsen e especialista em varejo
Pedro Magazoni, gerente Universidade Martins do Varejo
Susana Ferraz, jornalista e diretora da Sete Estrelas Comunicação
Sussumu Honda, presidente do conselho consultivo Abras e supermercadista do grupo Ricoy
Walter Faria, CEO do grupo Martins, atual CEO da Pátria Investimentos

Cases

Apresentamos cases das mais variadas regiões do País, alguns, porém, sem identificação do nome do varejista /rede por solicitação dos mesmos.

Este livro foi impresso em São Paulo em
janeiro de 2024.